Chiara
Eine schwere Entscheidung

Agnes Kottmann

Chiara
Eine schwere Entscheidung

COPPENRATH

5 4 3 2

ISBN 978-3-8157-8086-2
© 2008 Coppenrath Verlag GmbH & Co. KG, Münster
Alle Rechte vorbehalten, auch auszugsweise
Text: Agnes Kottmann, vermittelt durch
Agentur Hanauer, München
Covergestaltung: Christine Freßmann und Anna Schwarz
Foto: Thoms Lehmann
Fachberatung: Michaela Rudolph
Redaktion: Valerie Flakowski
Printed in Germany
www.coppenrath.de

Für Mike Bertram

KAPITEL I

Chaos am frühen Morgen

Es war Montagmorgen, die letzte Schulwoche vor den Ferien hatte begonnen und Chiara freute sich darauf, sechs Wochen lang jede freie Minute bei den Wildpferden verbringen zu können.

Ohne Frühstück lief sie zum Stall, um vor Beginn des Unterrichts mit ihrem Pony Brownie zum Wildpferdegehege zu reiten. Genau wie sie konnte der siebenjährige Wallach es nicht erwarten, dort hinzukommen. Er wieherte und machte einen kleinen Freudenbuckler, dann preschte er los. Chiara ritt ohne Sattel, nur mit Zaumzeug. Angst vorm Herunterfallen hatte sie nicht, auch wenn es ihr schon öfter passiert war und sie sich ein paar ordentliche blaue Flecken geholt hatte. Doch das gehörte dazu und hielt sie nicht davon ab, sich immer wieder auf Brownies Rücken zu schwingen. Auf ihm hatte sie das Gefühl, ihr gehöre die Welt. Sie drückte sich eng an seinen Hals und galoppierte in vollem Tempo über die Wiese.

Ihr Vater Walter hatte den kräftigen kleinen Kerl mit dem braunen Fell für sie ausgesucht und ihn beim traditionellen Wildpferdefang im Merfelder Bruch ganz in der Nähe von

Dülmen ersteigert. Das war vor sechs Jahren gewesen, am letzten Samstag im Mai. Chiara konnte sich noch gut daran erinnern, dass die Tribüne der Wildbahn mit Menschen gefüllt war. Die Jährlinge, die Stuten und die frischen, wenige Wochen alten Fohlen waren wiehernd kreuz und quer durch die Arena galoppiert. Dann hatten sich junge Männer in blauen Kutten auf die einjährigen Hengste gestürzt und sie eingefangen. Die geschlechtsreifen Jungtiere mussten aufgrund des begrenzten Lebensraums das Reservat verlassen, damit es nicht zu Rangkämpfen kam. Chiaras Vater hätte auch ein Pferd auf einem Gestüt oder beim Händler kaufen können, aber er hatte ihr versprochen: »Du bekommst ein Wildpferd!« Schließlich waren die Wildpferde sein Beruf. Im Auftrag des Grafen von Dahlen, dem die Pferde und das Gelände gehörten, kümmerte sich Walter Sommer um die einzigartige Herde.

Inzwischen war Brownie alles andere als wild, aber das konnte man ihm nicht vorwerfen. Chiaras Vater hatte den jungen Hengst kastrieren lassen und ihn als Wallach aufgezogen. Einfach war es trotzdem nicht gewesen, aus ihm ein zuverlässiges Reitpferd, einen »Dülmener«, zu machen. Manchmal reichten Geduld und Ruhe allein nicht aus. Dann hatte Chiara ihren Vater sehr energisch erlebt. »Er muss begreifen, dass du das Leittier bist«, hatte er ihr erklärt. Chiara mochte es trotzdem nicht, wenn ihr Vater Brownie in die Schranken wies. Sie ging danach oft zu ihm in die Box, um ihn zu trösten.

Mittlerweile waren die Fronten geklärt und der Wallach folgte ihr, jedenfalls meistens. Auch heute ließ er sich brav am Zaun der Wildbahn durchparieren. Er schnaubte leise und Chiara kam es so vor, als schaue er sehnsüchtig auf die andere Seite zur Weide, wo seine frühere Herde oft graste. Chiara fragte sich manchmal, ob er lieber ein echtes Wildpferd geblieben wäre. Für ihn war es sicher nicht so schön, immer zu tun, was die Menschen wollten. Sie jedenfalls hasste es, wenn ihr jemand Vorschriften machte.

Chiara fand es schade, dass sie kein einziges Pferd auf der Wiese hinter dem Zaun erblicken konnte. Auch nicht am großen Wasserloch, das die Herde jeden Morgen anlockte. Dabei hätte sie so gerne Djana gesehen, ihre Lieblingsstute. Diese hatte im April zum ersten Mal gefohlt und einen kleinen Widderhengst geboren.

Seitdem ritt Chiara jeden Morgen vor der Schule mit Brownie zur Weide, auch sonntags, wenn ihre Eltern ausschliefen. Sie wollte sich vergewissern, dass alles in Ordnung war.

Chiara wartete und sah dabei immer wieder auf die Uhr. Nachdem sie mehrere Male zu spät zur Schule gekommen war und sich ihre Lehrerin Frau Klönne furchtbar aufgeregt hatte, bestanden ihr Eltern darauf, dass sie eine trug. Völlig überflüssig!

Das bunte Armband, das sie von ihrem Vater zum zwölften Geburtstag geschenkt bekommen hatte, liebte Chiara dagegen heiß und innig. Walter hatte es aus roten und weißen Fäden geflochten, den Familienfarben der von Dahlens.

Chiara kniff die Augen zu schmalen Schlitzen zusammen, um besser durch die Bäume hindurchspähen zu können. Nichts rührte sich. Sie beschloss, bis zehn zu zählen – wenn Djana bis dahin nicht mit ihrem Fohlen aufgetaucht war, wollte sie ihr Morgenbad im Schlossgraben nehmen. Sie wartete gespannt. Doch vergeblich ...

Wenig später holte Chiara tief Luft, hielt sich die Nase zu und tauchte unter. Sie war in Hemd und Unterhose vom Ufer aus in den Schlossgraben gesprungen. Der Rest ihrer Klamotten lag neben Brownie auf der Wiese.

Der hübsche Wallach war ihr bester Freund, für nichts auf der Welt würde Chiara ihn jemals wieder hergeben. Bei ihm konnte sie sich alles von der Seele reden und sicher sein, dass es gut bei ihm aufgehoben war. Sie musste nur seine Augen, seine Ohren und seinen Schweif anschauen, um zu wissen, woran sie bei ihm war. Umgekehrt hatte Brownie gelernt, ihre Stimme und Gesten zu deuten. Er schien zu wissen, dass sie es gut mit ihm meinte, und nahm ihr selten etwas krumm.

Egal ob Chiara ungeschickt am Zügel zog oder ihn zu fest mit den Fersen in den Bauch stieß, Brownie trug sie brav überallhin. Nur wenn er vor etwas Angst hatte, konnte es schon mal passieren, dass seine Instinkte durchbrachen und er wieder zum Wildpferd wurde. Als Chiara die Luft ausging, tauchte sie mit einem kräftigen Schwimmzug auf und rang nach Atem.

Hämisches Gelächter ertönte.

Sie hustete und strich sich ihr braunes Haar aus dem Gesicht, um besser sehen zu können. Das konnte doch nicht wahr sein! Ihr Erzfeind Boss Rino stand neben Brownie am Ufer und wedelte mit ihrer Jeans und ihrem T-Shirt herum. Brownie wich erschrocken zurück, konnte aber nicht weg, da Chiara ihn angebunden hatte.

Boss Rino hieß eigentlich Olaf und war der grässlichste Kerl, dem Chiara je begegnet war. Schon vor Jahren hatte sie ihm den Spitznamen Boss Rino verpasst, weil er sich immer aufführte wie der Bulle Rino vom Bauern Feldkamp aus der Nachbarschaft. Inzwischen nannten ihn fast alle so, worüber sich Olaf schrecklich ärgerte. Kein Wunder, dass Chiara und er Erzfeinde waren. Wann immer er konnte, versuchte er ihr eins auszuwischen. Meistens jedoch ohne Erfolg.

»Lass sofort Brownie in Ruhe!«, schrie Chiara und beeilte sich zurück ans Ufer zu schwimmen.

Boss Rino interessierte Chiaras Geschrei nicht. Im Gegenteil: Er packte ihre Jeans und schwang sie wie ein Lasso durch die Luft.

»Spinnst du?« Chiara hatte inzwischen schnaufend das Ufer erreicht und rannte los.

Aber Boss Rino lachte nur, während Brownie misstrauisch die flatternde Hose beäugte.

Der arme Kerl! Chiara wusste, dass ihm Boss Rinos Attacke Angst machte.

Plötzlich riss Brownie panisch den Kopf hoch. Chiara sah das Weiße in seinen Augen aufblitzen, als er nach vorne sprang. Boss Rino wollte ausweichen, stolperte aber und kam Brownies Hinterhand gefährlich nahe. Dann keilte der Wallach aus. Chiara hielt die Luft an. Im letzten Moment warf sich Boss Rino zur Seite und Brownies Hufe verfehlten nur knapp seine Schulter.

Der Panikhaken am Strick öffnet sich und Brownie stürmte davon. Mit einem Wutschrei wollte sich Chiara auf Boss Rino stürzen. Aber der Feigling krallte sich ihre Klamotten und lief weg.

Ob sie ihm folgen sollte? Nein, Brownie war wichtiger.

Nur in Unterwäsche und triefnass rannte Chiara in Richtung Merfeld. Sie hoffte, dass ihr Dülmener seinen gewohnten Weg eingeschlagen hatte.

Normalerweise ritt Chiara nach dem Bad im Schlossgraben in Hose und T-Shirt zur Schule, von wo aus Brownie anschließend allein nach Hause trottete. Notfalls sogar bis in seinen Stall, wenn niemand zur Stelle war. Ihre feuchte Unterwäsche verknotete Chiara am Zügel, damit sie auf dem Weg zur Schule trocknen konnte.

Völlig außer Puste erreichte Chiara das Schulgebäude, das an der Hauptstraße des Dorfes lag. Und tatsächlich – Brownie stand davor und graste friedlich. Chiara atmete erleichtert auf und begrüßte ihn überschwänglich. Dann zog sie ihn rasch vom Rasen weg. Pferde hatten nichts darauf zu suchen. Einmal hatte Frau Klönne ihr dafür einen Eintrag ins Klassenbuch verpasst. Am liebsten hätte ihre Lehrerin auch Brownie für sein schlechtes Benehmen getadelt. Zu dumm, dass sich Pferde um Klassenbucheinträge so überhaupt nicht scherten!

»Guten Morgen! Können wir helfen?«, hörte Chiara plötzlich eine Stimme hinter sich. Sie drehte sich um.

Am Straßenrand hatte eine silbergraue Limousine gehalten, der Motor lief noch. Hendrik von Dahlen hatte eine der Hintertüren geöffnet.

Erst als Chiara Hendriks irritierten Blick sah, fiel ihr wieder ein, dass sie nur ihre Unterwäsche anhatte. Sie stemmte die Hände in die Hüften. Sollte der doch denken, was er wollte! Ihren Eltern würde sie von dieser Begegnung allerdings nichts erzählen. Hendriks Vater war Graf von Dahlen und Walters Chef. Fast alles in der Gegend war seit Jahrhunderten in seinem Besitz, auch das Wasserschloss, auf dem sie lebte.

»Nein, vielen Dank. Alles in Ordnung«, sagte Chiara bemüht höflich. Gleichzeitig wurde ihr klar, dass ihre Antwort in Anbetracht ihres Aufzugs total bescheuert war.

»Hast du keine Angst, dich zu erkälten? Wir könnten dich nach Hause fahren und die Heizung in der Limousine einschalten«, bot Hendrik an.

Chiara wusste nicht, ob er »Limousine« statt Wagen gesagt hatte, um anzugeben, und starrte ihn aus zusammengekniffenen Augen an. Während Boss Rino mit vierzehn Jahren immer noch was von einem Baby an sich hatte, sah Hendrik irgendwie erwachsen aus, wenn auch etwas spießig mit seiner Stoffhose und dem Poloshirt. Ihr fielen wenig schmeichelhafte Begriffe wie »Muttersöhnchen« und »Musterknabe« ein.

»Nein, nicht nötig. Vielen Dank«, sagte sie.

Hendrik stieg aus dem Wagen, streifte seine Windjacke ab und gab sie Chiara, damit sie sie sich um die Schultern legen konnte. Dann fragte er: »Was ist passiert?«

Chiara hat keine Lust, über Boss Rino zu reden. »Nichts, ich war schwimmen.«

Völlig unvermittelt sagte Hendrik: »Ich habe heute Unterricht in der Wohnung meines Privatlehrers in Münster. Er hat einen Hexenschuss und kann deshalb nicht Rad fahren. Unterwegs haben wir Brownie gesehen und angehalten.« Weil Chiara ihn nur verwundert ansah, erklärte er: »Ich habe versucht ihn am Halfter zu nehmen, aber er ist immer wieder ein paar Schritte vor mir zurückgewichen. Wir wollten schon weiterfahren und bei euch anrufen, da habe ich dich im Rückspiegel gesehen und wir sind noch mal umgedreht.« Bei jedem »Wir« deutete er mit seinem Kopf in Richtung Fahrer, der hinter den verdunkelten Scheiben saß.

Chiara hörte Hendrik nur mit einem Ohr zu. Sie war viel zu sehr damit beschäftigt, Brownie von oben bis unten zu mustern. Er war zwar schweißbedeckt, stand aber ruhig da und zupfte wieder eifrig am heiligen Schulrasen. Chiara tastete vorsichtig seinen Körper und seine Beine ab, wie sie es von ihrem Vater gelernt hatte. Ihm schien jedoch nichts zu fehlen, er hatte sich bei seiner Flucht nicht verletzt.

»Entschuldige«, sagte Hendrik.

Überrascht blickte Chiara ihn an. Sie hatte ihm überhaupt nicht mehr zugehört. »Na ja, ähm …«, stammelte sie. »Zum Glück hat er dich nicht getreten.«

»Unsere Pferde treten nicht, sie fliehen vor Menschen«, erwiderte Hendrik.

»Seit wann hast du denn Ahnung von Pferden?«, fragte Chiara.

»Ich weiß alles über Pferde. Aber ich habe ein bisschen Angst vor ihnen.«

Chiara sah Hendrik erstaunt an. Das er das einfach so zugab! In diesem Moment hupte der Chauffeur. Die Morgensonne spiegelte sich auf dem Lack und den abgedunkelten Scheiben, sodass Chiara nicht erkennen konnte, ob sonst noch jemand im Auto saß. Von innen wurde eine Tür geöffnet. Hendrik verabschiedete sich schnell und ging zum Wagen.

»Viel Spaß beim Lernen!«, rief Chiara ihm hinterher.

Hendrik lächelte ihr kurz zu, dann stieg er ein. Die Tür schloss sich und die Limousine fuhr los. Ohne Hendriks Jacke! Schnell schwang sich Chiara auf Brownie und nahm die Verfolgung des Luxusschlittens auf. Sie wirbelte das gute Stück durch die Luft, um auf sich aufmerksam zu machen, doch der Wagen fuhr unbeirrt weiter. Plötzlich verlor Chiara das Gleichgewicht. Sie ließ die Jacke fallen und krallte sich im letzten Moment in Brownies Mähne fest.

Genau in diesem Augenblick kam Frau Klönne um die Ecke und Hendriks Anorak landete mitten auf ihrem Kopf.

»Chiara!«, rief die Lehrerin wütend. Weil sie in der einen Hand ihre Schultasche und in der anderen einen Regenschirm hielt, versuchte sie hilflos die Jacke abzuschütteln. Das sah sehr komisch aus.

Sie ist selbst schuld, dachte Chiara. Was nimmt sie auch bei strahlendem Sonnenschein einen Regenschirm mit? Ich reite auch nicht mit zwei Pferden los, weil eins unterwegs ausfallen könnte.

»Chiara, was soll das? Zieh dir sofort was an!«, tönte es dumpf unter der Jacke hervor.

Chiara konnte sich das Lachen kaum verkneifen, sprang aber dann doch von Brownie herunter und befreite die wutschnaubende Lehrerin. Der Wallach fand das seltsame Wesen hochinteressant. Neugierig beschnupperte er Frau Klönne.

»Geh weg!«, stieß diese ängstlich hervor und hielt ihre Schultasche schützend vor sich.

Chiara kam dieser Aufforderung gern nach, obwohl Frau Klönne ja eigentlich nicht sie gemeint hatte.

»Das gibt einen Eintrag ins Klassenbuch!«, zeterte die Lehrerin, während sich Chiara auf Brownies Rücken schwang und zusah, dass sie wegkam.

KAPITEL 2

Schon wieder Hendrik

Die Zugbrücke, die in den Innenhof des kleinen Wasserschlosses führte, war wie fast immer heruntergelassen. Chiara schritt mit Brownie darüber. Sie liebte ihr Zuhause schon deshalb, weil niemand in ihrer Klasse so toll wohnte – außer Boss Rino. Ausgerechnet!

Von oben sah das Schloss aus wie ein Schneckenhaus. Im Mittelalter hatten seine Bewohner feindlichen Rittern und Heeren getrotzt, heute lebten sie vom Tourismus. Boss Rinos Mutter führte das Schlossrestaurant und das kleine Hotel, das nur wenige Zimmer hatte.

Svenja, die in einem kleinen Apartment des Schlosses wohnte, war für »alles außer Pferd« zuständig. Sie organisierte die Schlossführungen und Bootsfahrten auf dem Wassergraben und war für das Kulturprogramm und die Aufarbeitung der Geschichte des Schlosses verantwortlich. Im kleinen Burgsaal fanden manchmal Ausstellungen, Konzerte oder Lesungen statt.

Chiaras Vater verwaltete die Wildpferdebahn, führte von Frühjahr bis Herbst Besuchergruppen durch das weitläufige

Gelände und veranstaltete jährlich den Wildpferdefang. Hauptberuflich war er Förster im Merfelder Bruch und achtete auf das ausgewogene Verhältnis der Tier- und Pflanzenwelt.

Chiaras Mutter Irene sorgte stets für gute Stimmung auf der »Inselfestung«, wie sie ihr Zuhause oft nannte. Außerdem kümmerte sie sich um das Essen, nicht nur für die Familie, sondern auch in der Hotelküche. Chiara fand es schön, eine quirlige Mutter zu haben, auch wenn es sie von Zeit zu Zeit nervte, dass Irene manchmal so tat, als wäre sie ihre beste Freundin. Dabei wurde Irene aufgrund ihres Alters meist für Chiaras Oma gehalten. Walter hingegen, der noch älter als Irene und ein braun gebrannter Abenteurertyp war, sah man seine sechzig Jahre kaum an.

Als Chiara über den Innenhof auf das Stallgebäude zuritt, kam ihr ihre Mutter entgegen. Eher neugierig als besorgt fragte sie: »Wo sind deine Anziehsachen geblieben?« Und mit Blick auf Hendriks Jacke: »Und wem gehört die?«

Chiara machte eine wegwerfende Handbewegung. »Hat mir jemand geliehen. Hast du Boss Rino gesehen? Er hat meine Klamotten geklaut!«

Irene schüttelte den Kopf und Chiara entdeckte eine tiefe Sorgenfalte auf ihrer Stirn. »Ist was passiert?«, fragte sie.

Chiara hatte einen wunden Punkt getroffen und ihrer Mutter schossen Tränen in die Augen. »Robert hat angerufen. Er kommt nicht zu meinem Geburtstag!«

Robert war Chiaras großer Bruder. Irene hing sehr an ihm, auch wenn er sich kaum noch zu Hause blicken ließ, sondern häufig beruflichen Stress vorschob.

Alles in allem fühlte sie sich deshalb wie ein Einzelkind. Als Chiara vor zwölf Jahren auf die Welt kam, hatte Robert seine sieben Sachen gepackt und war zum Studieren nach Berlin gegangen.

Gerade als Chiara ihrer Mutter tröstend eine Hand auf die Schulter legte, verließ Walter Sommer mit zwei Pferden den Stall, der in einem spätgotischen Teil des Schlosses, wie Chiara von Svenjas Führungen wusste, untergebracht war.

Einen Keller oder ein Verlies hatte das Schloss nicht, weil es mitten im Wasser auf Holzpfählen stand. Und eigentlich war das Schloss eine Burg. Aber da es in der sogenannten »100-Wasserschlösser-Route« des Tourismusverbandes verzeichnet war, sagten alle »Schloss«. Und einen Wassergraben hatte es ja auch, wie es sich für ein echtes Wasserschloss gehörte.

Chiaras Vater wollte die Pferde vor eine Kutsche spannen. Das machte er bei gutem Sommerwetter jeden Morgen, denn die Touristen ließen sich gerne mit der Kutsche oder dem Planwagen durch die berühmte münsterländische Parklandschaft karren.

Eine vollschlanke Frau, ein Gast aus Köln, mit knallrotem Lippenstift kam im Jogginganzug vom Nordic Walking ins

Hotel zurück und wünschte ihnen lautstark einen guten Morgen.

Walter winkte Irene und Chiara zu, hielt dann kurz inne und band die beiden Pferde an, bevor er zu ihnen herüberkam. Sein Blick wanderte zwischen seiner Frau und seiner Tochter hin und her.

»Boss Rino – Robert!«, erklärte Chiara und zeigte zuerst auf sich und dann auf ihre Mutter.

Ihr Vater begriff sofort, was Sache war, und nahm seine Frau in den Arm. »Er kommt also nicht.«

Irene nickte. Walter strich ihr tröstend über den Rücken.

Plötzlich lief Boss Rino johlend über den kopfsteingepflasterten Hof und zeigte grinsend nach oben. Aus einem der Fenster im ersten Stock hingen an einem Kleiderbügel Chiaras Klamotten. Mit einem Indianerschrei jagte Chiara Boss Rino hinterher. Ihr Erzfeind floh ins Hotel und verbarrikadierte die Tür von innen.

Boss Rinos Mutter, die in der ersten Etage sauber machte, öffnete ein Fenster. »Was hat Olaf schon wieder angestellt?«

Chiara zeigte auf ihre Hose und ihr T-Shirt.

Frau Bettinger stöhnte. »Der bringt mich eines Tages noch ins Grab!«

Chiara war inzwischen vor dem Hoteleingang angelangt und rüttelte vom Pferd aus am Türgriff. Nichts zu machen.

Boss Rino tauchte neben seiner Mutter im Fenster auf. Frau

Bettinger stemmte wütend die Hände in die Hüften. »Wenn dein Vater noch da wäre, könntest du was erleben!«, drohte sie ihm. »Die neue Sportuhr ist gestrichen!«

Was wollte der Rollmops mit einer Sportuhr? Sein Schneckentempo stoppen?, dachte Chiara amüsiert.

Boss Rinos Vater war mit einem Model durchgebrannt, das in der Kulisse des Wasserschlosses für Fotoaufnahmen posiert hatte. Um Frau Bettinger hatte es Chiara leidgetan. Um Boss Rino nicht.

Dabei hatte sie sich mit ihm mal gut verstanden, als sie noch nicht in die Schule gegangen waren. Er hatte sie, weil er der Ältere und Größere war, ab und zu mitgenommen, wenn die Waldarbeiter in einer der Jagdhütten ein Fest feierten und draußen ein Lagerfeuer machten und grillten.

Boss Rino hatte am liebsten angekokelte Marshmallows gefuttert.

»Du hast es aber versprochen!« Boss Rino klang so, als würde er gleich anfangen zu weinen.

»Man kann Versprechen auch brechen!«, sagte seine Mutter. Im Fall von Boss Rino hielt das sogar Chiara für mehr als gerecht.

In trockenen Klamotten radelte Chiara kurz darauf zur Schule. Sie nahm den Weg, der am Wasserloch vorbeiführte. Ein Weidezaun trennte ihn von der Wildbahn.

Sie schaute nach, ob Djana da war, und entdeckte eine kleine Gruppe Mutterstuten mit ihren Fohlen. Die meisten waren mausgrau, andere gelblich oder braun wie Brownie. Aber Chiaras Sternstute war nicht darunter. Schade. Einige der kleinen Fohlen standen bewegungslos neben ihren Müttern und dösten. Sie sahen aus wie kuschelige Stofftiere. Man durfte ihnen aber nicht zu nahe kommen, denn Wildpferdemütter verteidigten ihre Fohlen mit Tritten und Bissen, wenn es darauf ankam.

Andere kleine Wildlinge, deren Fell schon länger war, sahen ein wenig zerzaust aus wie gerupfte Teddybären. Ein kleiner Hengst sauste um seine Mutter herum und buckelte übermütig. Ein paar Meter weiter kraulten sich zwei Fohlen gegenseitig das Fell und bissen sich spielerisch in die Hälse. Ein Pferdekind lag auf dem Boden und ruhte sich aus. Die Mutterstute stand daneben und graste. Sie hob wie ein Wachposten sichernd den Kopf und sah in Chiaras Richtung. Wildpferde waren immer auf der Hut, um bei Gefahr schnell fliehen zu können. Chiara konnte sich ihnen auf ein paar Meter nähern. Aber nur Djana hatte ihr mal aus der Hand gefressen. Sobald Chiara jedoch versucht hatte, sie zu berühren, war die Stute davongeprescht.

Ein weiterer Familienverband trat auf die Weide. Chiara blieb fast das Herz stehen. Djanas Fohlen, das wie seine Mutter einen weißen Stern auf der Stirn trug, lief hin und her, als würde es nicht wissen, zu wem es gehörte. Djana fehlte. Das Fohlen war etwas heller als sie, aber immer noch dunkler als Brownie und die anderen dreihundert Wildpferde.

Eine andere Stute schubste den kleinen Hengst an. Sie hatte hellgraues Fell und dunkle Beine, als würde sie Stiefel tragen, die bis über die Knie reichten. Mähne und Schweif waren ebenso dunkel und sehr lang. Chiara rechnete jeden Moment damit, dass Djana aus dem Wald treten würde, sie kam aber nicht.

Der Merfelder Bruch wurde auch der »Wilde Westen« des Münsterlandes genannt. Chiara war stolz darauf, hier aufzuwachsen. Die Wildpferde faszinierten sie mehr als alles andere auf der Welt. Sie lebten wie zu Urzeiten und streiften in kleinen Verbänden über das Gelände. Ganz frei wie früher waren sie nicht, denn das Gehege war eingezäunt. So konnten sie nicht weglaufen, hatten aber auch vor neugierigen Schaulustigen ihre Ruhe. Sie mussten nicht wie die meisten Hauspferde in Boxen stehen oder sich vor eine Kutsche spannen lassen, sie konnten tun und lassen, was sie wollten. Und das gefiel Chiara ganz besonders.

Als sie wieder zu dem Fohlen blickte, hatte es sich hingelegt. Im Schutz der Gruppe fühlten sich die Dülmener Wildpferde oft so sicher, dass sie alle viere von sich streckten und mit geschlossenen Augen schliefen.

Nach ein paar Minuten zog die kleine Herde mit der ranghöchsten Stute an der Spitze weiter. Djanas Fohlen blieb liegen. Chiara wollte schon schreien: »Vergesst den Kleinen nicht!«, als die helle Stute zurückkam und das Fohlen so lange mit der Nase anstupste, bis es sich aufrappelte. Es war wahrscheinlich nur müde oder faul gewesen.

Chiara wollte weiterradeln, als sie ein jämmerliches Piepsen hörte. Sie suchte den Boden mit ihren Augen ab. Oh nein! Eine junge Drossel saß auf einer Baumwurzel und kam nicht hoch. Ein Flügel bewegte sich nicht richtig. Vielleicht war sie gegen einen Weidepfosten geflogen? Chiara zögerte. Ihr Vater sagte immer, dass die Menschen der Natur nicht ins Handwerk pfuschen sollten. Leben und Tod gehörten zusammen. Aber Chiara konnte doch nicht einfach weggehen. Sie war sicher, dass der Vogel Schmerzen hatte. Vorsichtig versuchte sie den lahmen Flügel zu lockern. Doch die Drossel wehrte sich und schrie nur noch lauter. Chiara sprach beruhigend auf den kleinen Vogel ein. Sie wollte ihm auf keinen Fall noch mehr wehtun. Sie nahm die Drossel in die rechte Hand und hielt sie in die Höhe. Vielleicht gelang es ihr so zu starten? In die Schule konnte Chiara den Vogel auf keinen Fall mitnehmen! Frau Klönne hätte ihr sofort eine Predigt gehalten: dass man Wildtiere grundsätzlich nicht anfassen darf und dass verletzte Vögel keine Überlebenschance haben.

Walter war derselben Meinung.

Chiara beschloss deshalb, den Vogel zum Tierarzt zu bringen, auch wenn sie dann zu spät zum Unterricht erscheinen würde. Doktor Kemper würde die kleine Drossel bestimmt heilen können! Behutsam strich Chiara ihr über das Köpfchen. Im selben Augenblick schloss der kleine Vogel die Augen.

Nein! Das hatte sie nicht gewollt!

Vorsichtig pustete sie die Drossel an und strich ihr mit dem Zeigefinger über die Federn, aber der dunkelbraune Vogel bewegte sich nicht mehr. Dabei hatte sie ihn doch nur retten wollen! Chiara kamen die Tränen.

Hatte sie das Falsche getan?

Sie wischte sich über die Wange und legte die Drossel auf die Wiese. Mit beiden Händen rupfte sie Grasbüschel aus dem Boden, grub ein Loch, legte den Vogel hinein und deckte ihn mit Erde zu. Sie konnte seinen Anblick kaum ertragen. Das Einzige, was sie tröstete, war die Gewissheit, dass er jetzt keine Schmerzen mehr hatte.

Als Chiara aufsah, war die helle Stute mit Djanas Fohlen verschwunden. Wenigstens schien es dem Kleinen gut zu gehen. Aber wo war Djana? Es war ungewöhnlich, dass eine Stute ihr Fohlen allein ließ, auch wenn die ganze Sippe gut aufpasste.

Nach der Schule traute Chiara ihren Augen nicht: Die silbergraue Limousine der von Dahlens parkte erneut am Straßenrand.

Was wollte Hendrik denn schon wieder? Seine Jacke?

Einige Mädchen aus Chiaras Klasse, die bei den Fahrrädern standen, kicherten und zeigten in Richtung des Wagens.

»Na, hast du endlich deinen Traumprinzen gefunden?«, fragte Marlene eine Spur zu laut.

Chiara ging achtlos an ihr vorbei. Anfang des fünften Schuljahres hatte sie neben Marlene gesessen und versucht ihre Freundin zu werden. Aber mit Pferden und Reiten hatte ihre Klassenkameradin nichts am Hut, sie vertrieb sich lieber die Zeit im Dorfcafé und blätterte in Modezeitschriften. Und nach ein paar Monaten hatte sie sich wegsetzen lassen, weil Chiara angeblich zu stark nach Pferd roch.

Plötzlich schwang die Wagentür auf. Chiara stoppte abrupt, um nicht mit dem Vorderrad dagegenzuprallen.

Hendrik fuchtelte aufgeregt mit den Armen. »Steig ein! Ich muss dir was sagen!«

Chiara zögerte und schaute sich um.

Boss Rino lehnte an der Schulmauer und grinste. »Ist das dein Märchenprinz?«, feixte er.

»Du weißt doch, Märchenprinzen kommen mit dem Pferd und nicht mit dem Auto!« Chiara zeigte Boss Rino ihren Mittelfinger, stellte das Rad auf dem Bürgersteig ab und stieg in die Limousine. »Wehe, es ist nicht wichtig!«, pflaumte sie Hendrik an. Dabei ärgerte sie sich nicht über ihn, sondern darüber, dass Boss Rino alles mitbekam.

Hendrik zog die Wagentür eilig zu. »Es ist wichtig, sehr wichtig sogar! Es geht um ein verletztes Fohlen in der Wildbahn.«

»Du warst bei den Wildpferden?«

Hendrik drückte einen Knopf. Sofort fuhr die Trennscheibe zur Fahrerkabine hoch und der Chauffeur verschwand hinter getöntem Glas.

»Das muss unter uns bleiben!« Eindringlich sah Hendrik Chiara an. »Wir müssen dem Fohlen helfen!«

»Wieso, was hat es denn?«

»Ich weiß es nicht genau. Es kann nicht mehr laufen.«

»Vielleicht ruht es sich nur aus.« Chiara dachte an Djanas Fohlen.

»Kann ich deine Handynummer haben?«

Das passte nun gar nicht zum Thema. »Habe kein Handy.« Wozu brauchte sie so ein Ding? Damit ihre Eltern sie überall aufstöbern konnten?

Hendrik erzählte aufgeregt, dass ihm einer der Waldarbeiter von einem kranken Fohlen in der Wildbahn berichtet hatte.

Chiara beruhigte ihn. Sicher war es Djanas Fohlen gewesen, das er gesehen hatte. Und es war nach einer kleinen Pause mit der Gruppe weitergezogen. Hendrik wollte trotzdem noch einmal zu der Stelle gehen und die Umgebung absuchen.

Chiara sah den toten Vogel vor sich und winkte ab. »Wildpferde brauchen unsere Hilfe nicht. Sie müssen sich selbst helfen.«

Hendrik versuchte seine Enttäuschung zu verbergen. »Entschuldige, ich habe geglaubt, dass wenigstens du mich verstehst. Ich habe mich wohl getäuscht.«

Wie er dieses »wohl« sagte, brachte Chiara beinah zur Weißglut: Sie hatte keine Ahnung, was sie tun könnten. Schon immer waren Pferde in der Wildbahn eingegangen. »Mein Vater sagt das auch und der muss es wissen.« Chiara hätte Hendrik am liebsten von der toten Drossel erzählt. Hätte sie auf ihren Vater gehört, würde sie vielleicht noch leben. Sie fragte sich, warum sich ausgerechnet Hendrik einmischte. Er würde eines Tages das Wirtschaftsunternehmen seines Vaters übernehmen. Für ihn gab es bestimmt Wichtigeres. »Warum kümmerst du dich plötzlich um ein krankes Fohlen? Heute Morgen hattest du noch Angst vor den Wildpferden!«

»Es hat mir leidgetan.« Hendrik öffnete die Tür. »Wenn ich dich dann bitten dürfte aus dem Wagen zu steigen.«

Schon wieder dieser Ton! »Wie sah es denn aus?« Sie wollte sich vergewissern, dass sie tatsächlich dasselbe Fohlen meinten.

»Es war schwarz-braun. Fast pechschwarz, hat der Waldarbeiter gesagt.«

»Hatte es einen weißen Stern auf der Stirn?«

»Mehr weiß ich nicht. Entschuldige.«

Chiara verdrehte die Augen. Wenn es sich ganz sicher um Djanas Fohlen handelte, würde sie doch sofort etwas unternehmen. Sie nahm ein paar Pralinés aus dem glänzenden

Behälter, der am Vordersitz angebracht war, und stieg aus. Sie würde auf Nummer sicher gehen und noch mal nachsehen. Aber das hatte den kleinen Grafen nicht zu interessieren. Am Ende verpetzte er sie, und dann würde der Abdecker das Fohlen holen. Es wurmte sie trotzdem, dass Hendrik sie für herzlos hielt. Sie drehte sich um, um noch mal mit ihm zu reden, aber der Wagen war schon losgefahren.

»War wohl nichts mit Märchenprinz?«, höhnte Boss Rino und marschierte an ihr vorbei zu seinem Fahrrad. Seine Hose hing knapp über den Pobacken. Der oberste Rand der Boxershorts ragte heraus.

Chiara zog daran und runzelte verwundert die Stirn. Die Shorts rutschte samt Hose nach oben. »Hat deine Mutter die Unterhose angenäht?«

»Quatsch! Ist nur eine Attrappe!«

»Wie jetzt?« Chiara griff nach dem Hosenbund. Das wollte sie sich genauer ansehen. Boss Rino haute ihr auf die Finger und ließ die Jeans an sich heruntergleiten. Chiara hoffte, sie würde bis auf den Boden fallen, sie blieb jedoch knapp über seinem Hintern hängen. Schade!

Chiara nahm ein Praliné und stopfte es Boss Rino in den Mund. Der war so perplex, dass er einen Moment brauchte, bis er Chiaras Verfolgung aufnahm. Aber sie war ohnehin schneller.

Sie stieg auf ihr Rad und fuhr zum Wildpferdegehege.

Die Wiese vor dem Wasserloch war leer, bis auf den Löwenzahn, der überall wuchs, als hätte ein Maler einen Pinsel mit gelber Farbe über der Weide versprenkelt. Chiara sah noch mal hinüber auf die andere Seite des Zauns. Weit und breit kein Fohlen in Sicht, auch keine Stuten. Sie wandte sich zum Gehen, als ein Rascheln sie zurückhielt.

Da war Djana! Die Sternstute schritt aus dem Wald heraus, als würde sie eine Bühne betreten. Sie hob anmutig den Kopf und schaute Chiara direkt in die Augen. Jedenfalls kam es ihr so vor.
Der weiße Fleck auf ihrer Stirn leuchtete hell wie ein Stern. Djanas Fell war pechschwarz, noch dunkler als das von Brownie und ihrem Fohlen. Ungewöhnlich für ein Wildpferd, weil die Farbe viel zu auffällig war, aber so konnte Chiara Djana immer schnell auf der großen Weide ausmachen.
»Schwarz und besonders Weiß hat sich bei den Wildpferden nicht durchgesetzt«, erklärte Chiaras Vater immer den Besuchern. »Weil es keine guten Tarnfarben sind.«
Chiara kannte seinen Vortrag fast auswendig.
Djana wieherte. Wollte sie Chiara etwas sagen? Vielleicht stimmte etwas nicht und sie brauchte Hilfe für ihr Fohlen! Vielleicht hatte Hendrik recht gehabt?
Chiara schob den Gedanken beiseite. Das Fohlen würde sicher nur im Schutz der Bäume ein Nickerchen machen.

KAPITEL 3

Nachts in der Wildbahn

Am Abend half Chiara ihrem Vater im Stall. Sie verteilten gerade Heu, als Hendrik plötzlich in der Stalltür stand. Walter Sommer war überrascht ihn zu sehen und stützte sich auf der Mistgabel ab.

»Ich muss dich dringend sprechen!«, sagte Hendrik zu Chiara.

»Hoffentlich ist es diesmal wirklich wichtig!«, gab Chiara patzig zurück. Hendrik schwieg und deutete mit dem Kopf zu Walter Sommer.

»Vor meinem Vater habe ich keine Geheimnisse!«, stellte Chiara klar.

»Was für Geheimnisse?«, erkundigte sich Walter.

»Keine.« Chiara sah Hendrik an. Der zuckte verlegen mit den Schultern. »Ich habe noch mal nachgesehen, du weißt schon. Aber es war alles in Ordnung«, sagte Chiara.

»Was war in Ordnung?«, fragte Walter.

»Nicht der Rede wert.«

»Das scheint Hendrik aber anders zu sehen.« Walter warf dem Sohn seines Chefs einen Blick zu.

»Nein, nein, schon gut«, erwiderte dieser. »Wenn Chiara das sagt, dann wird es schon stimmen.«

»Ist was mit der Wildbahn?«, wollte Walter wissen. Im Nicht-locker-lassen war er manchmal Weltmeister.

Hendrik versuchte die Situation zu retten. »Nein, äh, also äh ... es ist nicht wegen des Fohlens. Ich wollte nur meine ... genau, ich wollte meine Jacke abholen«, stammelte Hendrik und Chiaras Vater wurde misstrauisch.

»Was für ein Fohlen?« Walter sah Hendrik und Chiara forschend an.

Hendrik wusste scheinbar nicht, was er sagen sollte, deshalb antwortete Chiara schnell für ihn. »Hendrik hat sich in ein Fohlen verliebt, das er beim nächsten Wildpferdefang ersteigern will.«

»Ach so.« Walter Sommer stellte die Mistgabel weg und schnitt einen Heuballen auf, während sich Hendrik höflich verabschiedete und den Stall verließ.

Chiaras Vater schaute ihm hinterher. »Habt ihr euch angefreundet?« Chiara schüttelte den Kopf. »Und was ist mit der Jacke, deshalb war Hendrik doch hier, oder nicht?«, hakte er nach.

Chiara winkte ab. »Das eilt nicht!«

Walter legte die Stirn in Falten und Chiara spürte, dass er ihr nicht glaubte. Das kam nicht oft vor. Sie ärgerte sich darüber, dass Hendrik sie in diese Situation gebracht hatte, auch wenn sie wusste, dass er es sicher nicht ohne Grund getan hatte.

Brownie wieherte und klopfte ungeduldig mit dem Vorderhuf gegen die Boxentür.

»Du machst dir die Beine kaputt«, schimpfte Chiara und gab ihm schnell sein Heu, damit er sich nicht verletzte. Dabei sah sie zur Stalltür. Hendrik stand auf der Zugbrücke.

Chiara musste an Djanas Fohlen denken. Warum war es nicht bei seiner Mutter gewesen?

»Was ist los?« Walters Stimme klang so vertraut, dass Chiara nicht anders konnte, als ihm die Wahrheit zu sagen.

»Ich mache mir Sorgen um Djanas Fohlen. Es war heute nicht bei seiner Mutter, sondern bei einer Tante. Die mit dem langen Schweif, der beinah bis zum Boden reicht.«

»Vielleicht versucht sie Djana das Fohlen abspenstig zu machen, weil sie keins hat«, meinte ihr Vater.

»Djana würde das doch nie zulassen.«

»Sie ist eine junge Stute. Und kennt sich beim ersten Nachwuchs noch nicht richtig aus. Das ist bei vielen Müttern, die zum ersten Mal ein Baby bekommen, nicht anders.«

»War es bei Robert auch so?«

Walter nickte. »Deine Mutter ist nachts aufgewacht, wenn er in seinem Kinderbett nur gepupst hat.«

»Aber dann ist es doch gut, wenn man sich zu viel statt zu wenig Sorgen macht.«

»Pferde machen sich aber keine Sorgen.« Walter lachte. »Wir müssen abwarten, wer am Ende gewinnt, die Tante oder Djana.«

»Die Tante darf nicht gewinnen. Dann verhungert das Fohlen!«

»Wenn sie gewinnt, dann hat die Natur es so gewollt«, erwiderte Walter. »Der kleine Hengst hätte mit dieser schwachen Mutterbindung wenig Chancen, ein robuster Kerl zu werden. Und den Winter in der Wildbahn würde er auch nicht überstehen.«

»Die Natur ist grausam und ungerecht!«

Walter steckte die Mistgabel in einen Heuballen, ging auf seine Tochter zu und hob sie in die Luft. Das hatte er schon lange nicht mehr getan. »Mach dir nicht so viele Gedanken. Es wird schon gut gehen mit dem Fohlen.«

Chiara seufzte. Und wenn nicht, ging es ihr durch den Kopf. Sie sah wieder zur Zugbrücke. Hendrik hatte sie bereits verlassen und steuerte auf die Wildbahn zu. Sie drückte ihrem Vater einen Kuss auf die Wange und ließ sich an ihm heruntergleiten. »Ich muss noch was erledigen!«

Sie stürmte in die Schlosswohnung, hinauf in ihr Zimmer und schnappte sich Hendriks Jacke. Dann lief sie ihm hinterher und holte ihn schließlich vor dem Weidezaun der Galoppwiese keuchend ein. »Was ist mit dem Fohlen? Weißt du, wo es ist?«

Hendrik schüttelte den Kopf. »Ich habe vergessen, mir die genaue Stelle beschreiben zu lassen. Ich weiß nur, dass das Fohlen viel dunkler als alle anderen gewesen ist. Der Waldarbeiter hat mir vorhin verraten, dass er es deinem Vater melden will. Und das musste ich dir einfach sagen!«

»Los!« Hendrik verstand nicht. »Schnell! Wir müssen es unbedingt vor meinem Vater finden!« Sie drückte Hendrik die Jacke in die Hand, kletterte mühelos über den Weidezaun und rannte los.

Hendrik zog den Anorak schnell über und folgte ihr. »Wo sollen wir suchen?« Er schnappte nach Luft.

»An der Stelle, wo ich Djana zuletzt gesehen habe!«, rief Chiara ihm zu.

»Und dann?«

»Uns wird schon was einfallen!« Chiara legte noch einen Zahn zu.

Verendete Wildpferde ließ Walter manchmal vom Abdecker abholen. Vor allem in der Zeit zwischen Mai und Oktober wollte ihr Vater den Besuchern den unschönen Anblick ersparen.

Hendrik versuchte mitzuhalten, blieb aber schon nach kurzer Zeit stehen. »Seitenstechen!«

Chiara drehte sich im Laufen um. »So kommen wir bestimmt zu spät!«

»Renn schon mal vor!« Hendrik keuchte.

Chiara blieb abrupt stehen. »Das können wir nur gemeinsam schaffen!«

Hendrik riss sich zusammen und Chiara lief etwas langsamer. Als sie den Zaun des Wildgeheges erreichten, warf sich Hendrik vor Erschöpfung auf den Boden. Chiara kletterte mit letzter Kraft über den Zaun, ließ sich auf der anderen Seite ebenfalls ins Gras fallen und atmete kräftig aus. Ihr Blick ging zum Himmel, an dem dunkle Wolken aufzogen. Sofort sprang sie auf. »Wir müssen uns beeilen! Es gibt Regen. Und dunkel wird's auch!«

Hendrik zuckte gleichmütig die Achseln. »Dann sieht uns wenigstens niemand.«

Er zwängte sich durch den Weidezaun und lief hinter Chiara am Wasserloch vorbei in den Wald, aus dem Djana gekommen war.

»Es muss hier irgendwo sein! Seine Mutter hat mich um Hilfe gebeten.« Plötzlich war sich Chiara ganz sicher, dass sie Djanas Blick und ihr Wiehern richtig interpretiert hatte.

»Verstehe, so wie Lassie?«, fragte Hendrik.

»Hm.« Chiara biss sich auf die Lippe. Hoffentlich hielt er sie nicht für verrückt.

»Sprichst du mit den Pferden?«, hakte Hendrik nach.

»Nein, aber ich kapiere oft, was sie meinen«, erwiderte sie und gab Hendrik ein Zeichen, still zu sein. Sie wollte das Fohlen nicht verschrecken. Und außerdem hoffte sie, Geräusche zu hören, die sie auf seine Spur bringen könnten.

Im Schatten des Waldes war es kühler als auf der Wiese und Chiara schlang ihre Arme um den Oberkörper. Sie hatten erst einen kleinen Teil des Geländes abgesucht, als sie Stimmen hörten. Schnell versteckten sie sich hinter einem Gebüsch. Chiaras Vater und der Waldarbeiter, den Hendrik kannte, durchstreiften den Wald.

»Ich habe mir so was gedacht. Hendrik von Dahlen hat vorhin ein Fohlen erwähnt«, sagte Walter Sommer.

»'tschuldigung«, zischte Hendrik.

»Psst!«, machte Chiara und legte Hendrik einen Finger auf den Mund.

Die beiden Männer blieben stehen und schauten sich um.

»Ich hab es ungefähr hier liegen sehen.« Der Waldarbeiter zeigte auf einen umgeknickten Birkenstamm.

»Die Abdeckerei habe ich schon informiert. Sie schicken einen Wagen, wenn wir anrufen«, sagte Chiaras Vater.

»Aber was machen wir, wenn das Fohlen noch nicht tot ist?«, fragte der Waldarbeiter.

Walter Sommer seufzte. »Dann können wir nichts tun. So ist das Leben in der freien Wildbahn nun mal.«

Chiara hätte sich am liebsten die Ohren zugehalten.

»Aber man könnte ihm helfen«, wandte der Waldarbeiter ein.

»So ein Blödsinn! Fang nicht so an wie Doktor Kemper!«
Der Mann verstummte. Der Streit zwischen dem Tierarzt
und dem Wildpferdehüter war legendär.

»In der Natur gelten andere Gesetze. Wenn wir erst einmal
anfangen einzugreifen, ist es mit der Freiheit und der Unab-
hängigkeit der wilden Pferde schnell vorbei. Es geht um Ar-
tenschutz.«

Chiara hätte am liebsten laut Nein gerufen. Was hatte Djanas Fohlen von dieser Freiheit, wenn es tot war?

Weil Hendrik das zu ahnen schien, hielt er ihr mit der Hand
den Mund zu. Die beiden Männer gingen weiter.

Hendrik ließ Chiara erst los, als die Luft wieder rein war, und
diesmal war es an ihr, sich zu entschuldigen.

Hendrik lächelte sie an und sagte: »Schon okay.«

Die Dunkelheit brach herein und die beiden Männer machten sich auf den Heimweg. Hendrik und Chiara warteten, bis
sie nur noch das Surren der Mücken hörten, die Hendrik mit
den Händen wegzuscheuchen versuchte.

Plötzlich war ein lautes Knarzen zu hören. Chiara blieb vor
Schreck wie gebannt stehen und blickte ängstlich zu Hendrik. Dieser zuckte entschuldigend mit den Schultern. Er
war aus Versehen auf einen morschen Ast getreten.

Dann ließ ein neuerliches Geräusch Chiara zusammenzu-
cken. Einen Moment später sahen sie ein Pferd mit einem

langen Schweif davongaloppieren. Chiara war sich sicher, dass es die Tante gewesen war.

»Das Fohlen ist bestimmt in der Nähe!«

»Sind wilde Stuten eigentlich gute Mütter?«, fragte Hendrik.

»Jede Mutter ist eine gute Mutter.«

Hendrik seufzte, sagte aber nichts. Er folgte Chiara. Sie gingen in die Richtung, aus der die Stute gekommen war. Ständig mussten sie aufpassen, dass ihnen die herabhängenden Zweige nicht ins Gesicht schlugen.

»Und wenn es ein Geisterpferd war?«, fragte Hendrik. »Oder der Mitternachtshund?«

»Quatsch!«, entgegnete Chiara knapp und hoffte, dass Hendrik das Zittern in ihrer Stimme nicht bemerkt hatte. Mit Brownie war sie schon tausendmal im Dunkeln durch den Wald geritten. Aber zu Fuß, nur mit Hendrik an ihrer Seite, war ihr mulmig zumute. Alles kam ihr irgendwie gespenstisch vor.

Hendrik klatschte plötzlich in die Hände und brüllte wie Tarzan.

Chiara erschrak fürchterlich. »Hör auf! Hast du sie nicht mehr alle? Wenn mein Vater hier noch irgendwo ist!«

»Ich will das Fohlen aufscheuchen. Wenn es in der Nähe ist, wird es auf den Lärm reagieren«, sagte Hendrik.

Und tatsächlich hörten sie plötzlich ein heftiges Schnauben. Das Fohlen versuchte offenbar sich hochzurappeln und vor dem Lärm zu fliehen. Noch konnten Hendrik und Chiara es nicht sehen und folgten den Geräuschen. Dann erblickten sie es. Sein Stern war in der Dämmerung schwach zu erkennen. Es lag hinter einem Haufen gefällter Baumstämme und war dort nach dem vergeblichen Fluchtversuch wieder zusammengebrochen.

Als es Hendrik und Chiara kommen sah, geriet es noch mehr in Panik. Chiara wusste nicht, was sie tun sollte. Sie versuchte es mit »Brrr« zu besänftigen. Doch das Fohlen ließ niemanden an sich heran.

Hendrik packte Chiara an der Hand und zog sie fort.

»Willst du das Fohlen im Stich lassen?«

Hendrik antwortete nicht, sondern schleifte Chiara weiter hinter sich her, bis sie weit genug vom Fohlen weg waren und es sich beruhigt hatte. Jedenfalls war nichts mehr zu hören.

»Wir dürfen ihm keine Angst machen!«, erklärte er.

»Und jetzt?«

»Wir brauchen Verstärkung.«

»Von wem?« In Chiaras Kopf wirbelten die Gedanken durcheinander.

»Hallo! Schon mal was von einem Tierarzt gehört?«

Chiara riss überrascht die Augen auf. Wow, Hendrik konnte ja richtig schlagfertig sein!

Starker Regen setzte ein und es schüttete wie aus Kübeln.

Hendrik zog seine Jacke aus und breitete sie über ihren Köpfen aus. Dann liefen sie los, um den Tierarzt zu holen.

KAPITEL 4

Tierarzt mit Herz

Sie waren klatschnass, als sie bei Doktor Kemper ankamen. Die Leute, denen Hendrik und Chiara unterwegs begegneten, achteten nicht auf sie. Alle hatten es eilig, ins Trockene zu kommen, und hatten ihre Kapuzen tief ins Gesicht gezogen oder Regenschirme aufgespannt.

Die Praxis des Doktors befand sich am »Krink« des Dorfes, der »üm de Kerk« ging. Das war Plattdeutsch und bezeichnete den Ring, der sich um die Kirche zog und an dessen äußerer Seite die wichtigsten Geschäfte und Läden lagen, natürlich auch das Café und die Dorfkneipe.

Chiara klingelte. Hendrik sah aus, als hätte er sich in voller Montur unter die Dusche gestellt. Seine Jacke hätte man auswringen können wie einen Spüllappen.

Doktor Kemper öffnete ihnen. »Für Lungenentzündungen und Bronchitis bei Zweibeinern bin ich aber nicht zuständig.« Mit hochgezogenen Augenbrauen musterte er Hendrik und Chiara, an denen das Wasser nur so herabtropfte. »Kommt rein, ihr holt euch ja den Tod!« Er schloss den Behandlungsraum auf und drückte auf einen Schalter neben der Tür.

Mehrere Neonröhren an der Decke gingen an und tauchten die Praxis in helles Licht.

In der Mitte des Raumes stand ein Behandlungstisch, darüber hing an einem Schwenkarm eine große Lampe. In der Ecke befanden sich der Röntgenapparat und ein Stuhl fürs Herrchen oder Frauchen. Vor der Heizung waren leere Käfige, die mit Handtüchern ausgelegt waren. Es roch nach Desinfektionsmittel.

Die Wand hinter dem Schreibtisch war mit Fotos von Hundewelpen und geheilten »Patienten« gespickt. Unter dem Bild eines Dülmeners stand: »Herzlichen Dank an den besten Tierarzt der Welt!« Ein riesiger Medikamentenschrank nahm eine ganze Seite der Praxis ein und auf der Ablage neben dem Waschbecken thronte ein Mikroskop.

Der Doktor gab den beiden Handtücher und trockene Klamotten, die viel zu groß waren. Hendrik reichte das Hemd bis zu den Knien, Chiara schlackerte Klaus Kempers Pullover um die Fußgelenke. Sie blickte in den Spiegel über dem Waschbecken: Ihr glattes braunes Haar lag platt am Kopf und ließ ihr sommersprossiges Gesicht noch schmaler aussehen.

Sie setzten sich nebeneinander auf den Behandlungstisch und ließen ihre Beine baumeln, während Doktor Kemper ihnen eine heiße Tasse Tee machte.

»Und jetzt soll ich euch helfen?«, fragte er, nachdem sie ihm alles über das Fohlen erzählt hatten.

»Wäre riesig nett«, antwortete Chiara.

»Ich verrate es auch nicht meinem Vater«, erklärte Hendrik.

Der Doktor räusperte sich, als wollte er sagen: Das wär ja noch schöner!

»Ist doch klar«, zischte Chiara Hendrik zu. »Ich sag's ja auch nicht meinem.«

Doktor Kemper machte »Puh!« und strich sich die schwarze Haartolle nach hinten. »Ich habe Walter versprochen, dass ich mich komplett aus der Wildbahn raushalte!«

»Aber das ist ein Notfall! Es geht um Djanas Fohlen!«

»Irgendwas ist immer. Ich möchte die Freundschaft zu deinem Vater nicht riskieren, Chiara.«

»Er erfährt ja nichts davon«, sagte Hendrik.

Der Doktor wandte sich an ihn. »Ich bin auch der Tierarzt deines Vaters.«

»Er erfährt ja nichts davon«, wiederholte Chiara Hendriks Worte.

»Wir schaffen es nicht allein und ohne Tierarzt schon gar nicht! Deshalb sind wir zu Ihnen gekommen«, sagte Hendrik. »Außerdem handelt es sich nicht um einen Fall von Altersmortalität.«

Alters...was? Kann Hendrik vielleicht mal Deutsch reden?!, dachte Chiara verwirrt.

»Ich meine, das Pferd ist noch sehr jung und lohnt die Investition.«

»Ich komme in Teufels Küche!« Der Doktor sah zuerst Hendrik an, dann Chiara.

»Wir auch«, sagte Chiara knapp. »Dann sind wir schon zu dritt.«

Doktor Kemper musste lachen und wuschelte ihr durchs Haar. Normalerweise mochte sie das nicht. Bei aller Liebe zu ihren Vierbeinern, aber sie hatte doch keine Mähne wie ein Pferd. Von Klaus Kemper ließ sie es sich ausnahmsweise gefallen. Er war schließlich ein guter Freund, auch der Wildpferde.

»Trotzdem, es geht nicht.« Der Doktor zog seine Hand zurück. »Wenn wir das Fohlen jetzt aus der Wildbahn holen, ist es für sein Leben geschwächt, weil es keine Muttermilch mehr bekommt.«

»Das Fohlen wird bestimmt schnell gesund und Djana nimmt es dann zurück«, entgegnete Chiara.

»Djana ist eine Stute, keine Mutter«, sagte der Tierarzt. »Sie hat keine Gefühle, nur Instinkte.«

»Manche Menschen haben nicht mal Instinkte«, warf Hendrik ein. »Und denen wird immer geholfen.«

Klaus Kemper fühlte sich offenbar angegriffen. »Moment mal, ich helfe gern, sonst wäre ich nicht Tierarzt geworden. Aber ich gehe nicht mit dem Rezeptblock durch den Wald und frage jedes Eichhörnchen, ob ihm was fehlt.«

»Aber wenn wir jetzt nichts tun, stirbt das Fohlen auf jeden Fall«, sagte Chiara.

Der Doktor sah die beiden stirnrunzelnd an, er wusste anscheinend nicht, was er tun sollte.

»Bitte!« Chiara stieß Hendrik in die Seite, damit er ihr erneut beistand.

Doch Hendrik sagte nicht »Bitte!«, sondern: »Die Rechnung für Ihre Bemühungen können Sie mir geben.«

Chiara stöhnte auf. Sie glaubte nicht daran, dass Hendrik den Doktor mit seiner gestelzten Art beeindrucken konnte. Um Geld war es Klaus Kemper noch nie gegangen.

»Tu nichts des Geldes wegen!«, hatte er einmal zu Chiara gesagt, als sie wissen wollte, wie viel man als Tierarzt verdient.

»Ich will doch kein Geld!«

Ich hab's gewusst, dachte Chiara.

»Entweder helfe ich euch aus Überzeugung oder gar nicht!«

»Wie wäre es mit Mitleid oder Mitgefühl?«, meinte Hendrik.

»Das Fohlen ist kein Eichhörnchen. Es kann sich nicht frei bewegen, weil es eingezäunt ist.«

Der Doktor fuhr sich nachdenklich mit der Hand durchs Haar. »Warum ist Djana nicht bei ihrem Fohlen? Das ist wirklich ein schlechtes Zeichen.«

»Eine blöde Tante hat sich dazwischengedrängt«, sagte Chiara.

Doktor Kemper presste die Lippen zusammen. »Ich bringe euch zuerst nach Hause und morgen früh schauen wir weiter. Jetzt kann man nicht mal die Hand vor Augen sehen.«

Chiara fiel ihm um den Hals.

»Ich habe noch nicht Ja gesagt!«

»Doch!«

»Ich habe es auch so verstanden.« Hendrik sprang ebenfalls vom Tisch herunter.

»Aber wohin mit dem Fohlen?« Klaus Kemper seufzte.

»Wie wär's mit der alten Jagdhütte im Wald?«, schlug Chiara vor. »Auf das Versteck kommt niemand.«

»Was für eine alte Hütte?«, fragte Hendrik.

»Sehen Sie! Nicht mal Hendrik kennt sie.«

»Einverstanden, aber wenn sie nichts taugt, bringe ich den Kleinen in die Wildbahn zurück.«

»Klar.« Chiara nickte. Sie würde schon dafür sorgen, dass das nicht passierte.

KAPITEL 5

Gelbe Finger

Nachdem Doktor Kemper sie zu Hause abgesetzt hatte und mit Hendrik weitergefahren war, hüpfte Chiara in ihrem viel zu großen Pullover die Steintreppe zur Wohnung hinauf. Diese lag im ersten Stock des Schlosses und war durch eine Außentreppe zu erreichen.

»Wie siehst du schon wieder aus?« Irene hatte Feierabend und saß im Wohnzimmer in einem Sessel neben dem Kamin. Sie musterte ihre Tochter aus zusammengekniffenen Augen.

»Habe Doktor Kemper einen Besuch abgestattet«, flunkerte sie. Zum Glück hörte Irene gar nicht richtig zu.

Chiara sah im Flur, dass das Telefonregister aufgeschlagen auf dem Wandbänkchen lag. Es befand sich unter dem Telefon, das ebenfalls an der Wand befestigt war. Die Sommers hatten ein stationäres und ein »ambulantes« Telefon, wie Irene es nannte. Eins an der Wand und ein schnurloses in einer Aufladestation.

»Du hast Robert angerufen?«, fragte Chiara ihre Mutter.

»Jetzt sagt er, er kann nicht weg, weil er doch keinen Urlaub bekommt.«

»Wer bekommt keinen Urlaub?« Walter platzte herein.

Chiara setzte sich an den Tisch, auf dem eine Schüssel mit Weintrauben stand, und nahm sich ein paar davon.

»Irgendeine Ausrede hat er immer.« Irene seufzte. »Heute Morgen sagte er, dass er den Flug nach Mallorca schon gebucht hatte.«

»Na klar!«, schimpfte Walter und drückte seiner Frau einen Kuss auf die Wange. Dann fläzte er sich mit seinem Insulinbesteck in der Hand in den anderen Sessel am Kamin. Er maß seinen Zuckerspiegel, zog sein kariertes Hemd aus der Hose und suchte nach einer geeigneten Stelle am Bauch.

»Soll ich es mal probieren?«, fragte Irene.

»Da kann ich mich besser von einer Horde Wespen zerstechen lassen.« Irene lachte. Walter sah ihr tief in die Augen.

»Dass du dich mit einem alten Diabetiker-Knochen wie mir überhaupt abgibst ...«

»Das mit dem alten Knochen merk ich mir«, frotzelte Irene.

Chiara räusperte sich. »Ich geh dann mal.«

»Ist das nicht der Pullover von Klaus?«, rief Walter und sah ihr verwundert hinterher.

»Frag Mama. Die weiß Bescheid«, behauptete Chiara. »Gute Nacht!« Sie ging in ihr Zimmer, zog ihre Klamotten aus und warf sie auf die Wäschetruhe. Ihr Schlafanzug lag unter dem Kopfkissen auf dem Himmelbett, das statt eines Stoffdaches einen Holzbaldachin hatte.

Bevor Chiara unter die Decke schlüpfte und in ihrem Buch über Mustangs in den USA las, setzte sie sich im Schneidersitz auf den runden Flokatiteppich in der Mitte ihres Zimmers. Darunter befand sich eine kleine Falltür, durch die man in einen der unteren Räume, die Schatzkammer, gelangen konnte. Wenn sie nicht auf dem Hochsitz war oder den Wildpferden zusah, war das der beste Platz zum Nachdenken.

Sie stellte sich Djanas Fohlen vor, wie es allein und hilflos im Wald lag und bestimmt Schmerzen hatte. Und Angst. Hoffentlich musste der Doc am nächsten Morgen nicht den ganzen Wald absuchen, um es zu finden. Ihr Magen fing an zu grummeln. Die Handvoll Weintrauben war was für den hohlen Zahn gewesen.

Chiara ging in die Küche. Am liebsten naschte sie heimlich aus dem Kühlschrank. Auf dem Weg durch den Flur fiel ihr Blick auf das offene Adressbuch. Roberts Name war fett unterstrichen. Sie nahm das Buch an sich, ging in die Küche und schnappte sich das schnurlose Telefon, das auf der Fensterbank lag. Aus dem Wohnzimmer nebenan konnte Chiara Irenes Kichern hören. Sie wählte Roberts Nummer. Der Kühlschrank konnte warten. Und ihr Hunger auch.

»Robert, Robert Sommer«, meldete sich ihr Bruder, als wäre ihm sein Vorname besonders wichtig.

»Warum kommst du nicht zu Mamas fünfundfünfzigstem Geburtstag?«, platzte Chiara heraus.

»Hat sie dich gebeten, mich anzurufen?«

»Nein, Mama heult«, log Chiara. Aus dem Wohnzimmer drang wieder Irenes Lachen zu ihr herüber. Chiara hielt die Sprechmuschel zu, damit Robert es nicht hörte.

»Toll, jetzt machst du mir ein schlechtes Gewissen! Mir hat sie gesagt, es ist okay, wenn ich nicht kommen kann.«

»Du kennst doch Mama, immer gute Miene zum bösen Spiel.«

»Ich kann wirklich nicht weg, hab zu viel um die Ohren. Eine Präsentation für neue Pocket-Hygienetücher.«

»Pocket...was?«

»Na, was für die Tasche.«

»Sie würde sich aber total freuen.«

»Ich weiß. Mir fällt es ja auch schwer, nicht zu kommen.«

»Glaub ich nicht«, sagte Chiara. »Du willst nicht.«

»Hey, du bist meine kleine Schwester, nicht mein Psychiater. Ich könnte dein Vater sein.«

»Du bist ja noch nicht mal mein großer Bruder. Große Brüder sind gute Brüder.«

»Jetzt werd mal nicht frech, Kleine!«

»Pah«, machte Chiara. »Ich sage, was ich denke, und ich tue, was ich will.«

»Wenn du so weitermachst, kommst du in die Wildbahn.«

»Bei den Wildpferden weiß ich wenigstens immer, woran ich bin.«

»Werd du erst mal erwachsen.« Allmählich wurde ihr Bruder wieder ernst.

»Um zu sein wie du? Nein, danke.«

Das saß. Robert wurde ärgerlich. »Also gut, wenn du es unbedingt hören willst: Ich habe keine Lust auf Papa, er nörgelt ja doch nur an mir herum.«

»Und was kann Mama dafür?«

»Nichts.«

»Also?« Chiara ließ nicht locker.

»Du bist schon wie er! Kein Wunder, du bist ja auch sein Liebling.« Robert knallte den Hörer auf. Chiara schaute verdutzt das Telefon an. Das war das erste Mal, dass jemand, ohne Tschüss zu sagen, einfach auflegte. Der Appetit war ihr gründlich vergangen. Sie ging ins Bett, konnte sich aber nicht mehr aufs Lesen konzentrieren. Dass die Mustangs ausgewilderte Hauspferde waren, interessierte sie im Moment nicht die Bohne. Sie sprach in Gedanken mit Djana. Wünschte sich, dass sie ihr Fohlen wiederfand, es annahm und über Nacht bewachte, damit es nicht so viel Angst hatte.

Plötzlich klopfte es an die Tür und sie wurde aus ihren Gedanken gerissen. Walter trat ein, schnappte sich einen Stuhl und setzte sich an ihr Bett. Das konnte länger dauern. Eigentlich liebte Chiara solche Gespräche mit ihrem Vater, aber heute Abend hätte sie lieber darauf verzichtet. Sie hatte ein schlechtes Gewissen.

Walter kam gleich zum Punkt. »Hendrik hat übrigens richtiggelegen mit seiner Andeutung. Es gibt ein verletztes Fohlen in der Wildbahn. Wir haben es gesucht, aber nicht gefunden.«

»Es hat sich vielleicht wieder erholt.« Chiara stellte sich ahnungslos. Sie hasste sich schon jetzt dafür, dass sie ihren Vater anlog.

»Schön wär's.« Walter beugte sich zu ihr herüber und gab ihr einen Gutenachtkuss auf die Wange. Verdutzt sah Chiara ihren Vater an. Das war ja doch nur ein kurzer Besuch. Plötzlich zog er sie an sich und schlang seine Arme um sie. »Wir sind so froh, dass wir dich haben.«

Chiara erwiderte die Umarmung. »Ich bin auch froh, dass ich euch habe.«

»Wir sind ein gutes Team!« Walter strich ihr über den Kopf. »Und danke, dass du schon lange nicht mehr Opa zu deinem alten, kranken Vater gesagt hast.«

»Du bist nicht krank, du hast Zucker.«

»Die Volkskrankheit Nummer eins!«

»Hör auf! Sonst sage ich wirklich Opa zu dir!«

»Dann musst du mich mit dem Rollstuhl durch die Gegend schieben!«

»Ich sehe dich noch mit achtzig auf einem Pferd.«

»Ja, auf einem lahmen Gaul«, erwiderte Walter.

»Quatsch, du fällst bestimmt von einem Wildpferd herunter und ...« Chiara zögerte. Sie wollte den Gedanken nicht aussprechen. Und Walter nicht daran erinnern, dass er ihr bei der Beerdigung seines Vaters erklärt hatte, dass man sich am besten »mittendrin« verabschiedete.

»... und ich stehe wieder auf wie ein junger Gott!« Er lachte. Sie nahmen sich noch einmal in den Arm. Ihretwegen könnte Walter schon siebzig oder noch älter sein, er würde immer der beste Papa auf der ganzen Welt bleiben.

»Reitest du morgen früh so gegen halb sieben mit Svenja und mir aus?«, fragte er.

Chiara schluckte. Um sechs Uhr wollte Doktor Kemper an der Hütte sein. Sie musste ihn unbedingt dort treffen, um zu erfahren, was dem Fohlen fehlte.

»Sag bloß, du willst mal ausschlafen?«, deutete Walter ihr Schweigen.

»Nein, ich komme gern mit.« Dann würde sie eben nur ganz kurz nach dem Fohlen sehen.

Auf dem Weg zur Tür lief Walter mitten durchs Zimmer über den Flokatiteppich. Im letzten Moment machte er einen Bogen um den Lukendeckel mit dem Ring. »Dass du hier noch nie gestolpert bist.«

»Da verlasse ich mich auf meine Instinkte«, sagte Chiara.

Ihr Vater lachte und wieherte ihr zum Abschied zu.

Normalerweise wachte Chiara mit den Hühnern auf, doch diesmal hatte sie sich vorsichtshalber einen Wecker gestellt.

Sie wurde jedoch vor dem Klingeln wach. Es war bereits hell, obwohl es noch nicht mal halb sechs war. Ob Klaus Kemper schon bei dem Fohlen war? Sie hob den Deckel der großen Truhe hoch und überlegte, was sie anziehen könnte. Am liebsten trug sie schlichte T-Shirts und Jeans, genau wie ihr Vater.

Sie schlich zur Wohnungstür, vorbei am Schlafzimmer ihrer Eltern. Langsam drückte sie die Klinke der Haustür herunter und trat hinaus.

»Guten Morgen, Fräulein!« Walter kam die Steintreppe hoch.

»Ich ... wollte ... nach Brownie sehen«, stammelte Chiara.

»Du solltest dich besser noch mal hinlegen. Sogar die Wildpferde schlafen länger als du. Wir wollten erst um halb sieben ausreiten.«

»Brownie freut sich immer, wenn ich ihn mit einer Mohrrübe wecke.« Das stimmte sogar.

»Willst du nicht frühstücken?«

»Ach, das habe ich ganz vergessen!« Chiara fasste sich an die Stirn.

»Ich weiß, Karotten sind gesünder zum Frühstück als Müsli aus der Packung. Aber du solltest deinem Brownie nicht immer alles wegfuttern.« Walter lachte.

Chiara hatte das Gefühl, dass er nicht ganz genau wissen wollte, was sie um diese Zeit vorhatte, sondern ihr die kleine

Notlüge ließ. Sie öffnete die Tür zum Stall und drehte sich noch einmal um. Bei ihrem Vater konnte man nie wissen, ob er ihr nicht doch hinterherspionierte. Dann trat sie ein. Brownie wieherte ihr freudig entgegen. Sie ging zu ihm und streichelte über seine Mähne. »Guten Morgen, mein Lieber. Ich habe jetzt leider keine Zeit für dich, aber wir reiten nachher aus, versprochen.«

Sie gab ihm zu fressen. Dann öffnete sie die Hintertür, die zum Schlossgraben hinausging, und stieg in das Holzboot, das dort festgemacht war. Eine Vorsichtsmaßnahme, falls es einmal im Stall brennen sollte. Das konnte bei dem trockenen Heu und Stroh schon mal passieren. Sie ruderte, so schnell und so leise sie konnte, und schaute sich immer wieder um, ob sie nicht doch von jemandem beobachtet wurde. Die Ente vor dem Bug sah sie zu spät, um noch ausweichen zu können. Laut schnatternd flog das erschrockene Tier hoch. Auch das noch! Verräterin! Chiara blickte zurück, aber es war niemand zu sehen. Am Ufer angekommen, band sie das Boot fest. Dann rannte sie los. Auf Brownies Rücken wäre sie schneller vorwärtsgekommen, aber dann hätte die Gefahr bestanden, entdeckt zu werden. Erschöpft lief sie weiter. Sie hatte das Gefühl, ihre Füße würden am Boden festkleben.

Als Erstes sah Chiara Doktor Kempers Geländewagen, der ein ganzes Stück vor der Hütte auf einem abgelegenen Feldweg stand. Chiara lief den kleinen Pfad entlang, der immer schmaler wurde und sich bald in einem Gestrüpp verlief. Früher hatte er bis zur Jagdhütte geführt. Jetzt pikten die Dornen eines großen Brombeerstrauchs durch Chiaras Socken. Als sie endlich vor der Hütte stand, klopfte ihr Herz wie wild. Mit einem flauen Gefühl im Magen öffnete sie langsam die Tür.

»Pssst!« Der Doc kniete neben dem Fohlen, das widerwillig schnaubte.

Chiara tat der Kleine leid. Seine Augen waren noch dunkler als sein gekräuseltes Fell und sahen traurig aus. Selbst der Stern auf der Stirn schien weniger zu leuchten als sonst. Seine kurze Mähne stand zu allen Seiten ab. Das rechte Vorderbein war dick angeschwollen.

»Ein Phlegnom. Er hat sich verletzt und die Wunde hat sich entzündet. Das ist alles Eiter.«

»Aber ich sehe keine Wunde.«

»Sie ist ganz klein, man nennt sie auch Einschuss.« Doktor Kemper zeigte auf ein kleines rötlich aussehendes Loch. Er band das Fohlen an einem alten verrosteten Heubinder an und bat Chiara es festzuhalten. Trotz seiner Verletzung war der Kleine schon ganz schön kräftig. Chiara musste sich mit ihrem ganzen Gewicht gegen ihn stemmen und dabei ihre Arme um seinen Hals schlingen.

Der Tierarzt holte einen Kanister Wasser, einen Eimer, Verbandszeug und Medikamente aus seinem Wagen. Er hatte an alles gedacht. Der kleine Hengst beäugte die Sachen misstrauisch, während Doktor Kemper Wasser und ein gelbes Pulver in den Eimer schüttete und kräftig umrührte. »Das Zeug nennt man Rivanol. Es desinfiziert die Wunde. Man gießt es oben in den Verband.« Als er das Bein des jungen Hengstes bandagierte, wurde dieser noch unruhiger und trampelte hin und her. Das tat bestimmt weh. Chiara schmiegte sich eng an seinen Oberkörper. Er musste doch spüren, dass sie es gut meinten.

»Achtung!«, sagte Doktor Kemper, als er den Verband mit der gelben Flüssigkeit tränken wollte.

»Ganz ruhig«, flüsterte Chiara.

Doch der Hengst buckelte und der erste Schuss der Lösung ging zu Boden.

»Wer nicht will, der hat schon.« Klaus Kemper konnte nichts aus der Ruhe bringen. Der zweite Versuch schlug ebenfalls fehl. Aller guten Dinge waren wie so oft drei.

Chiara wollte wissen, wie feucht der Verband war, und streckte ihre Hand danach aus.

»Pass auf! Die Farbe bekommst du nicht so leicht wieder ab!«, rief Klaus Kemper. Aber da war es schon zu spät. Chiaras Finger waren gelb wie Safran. Ihr würde zu Hause schon eine Erklärung einfallen, beruhigte sie sich selber.

Mit einer großen, alten Tür trennte der Tierarzt eine Ecke des Raumes ab und legte sie mit Heu aus, das er ebenfalls in der Hütte gefunden hatte. Dann führte er das Fohlen hinein. Der junge Hengst hatte nicht viel Platz und konnte sich kaum bewegen. Das war wichtig für die Heilung. Die Tür stützte der Doktor mit einer Schubkarre voller Dachpfannen.

Wie der Kleine so dastand, fiel Chiara auf einmal ein Name für ihn ein. »Dimitri«, murmelte sie ganz leise vor sich hin. »Djana und Dimitri.«

»Du musst möglichst großen Abstand halten und dich sehr ruhig bewegen«, sagte Klaus Kemper. »Damit er aus Angst nicht hochsteigt oder sogar versucht auszubrechen.«

»Und wie sollen wir ihn füttern?«

»Ich wechsle ihm zweimal am Tag den Verband oder gieße ihn an und füttere ihn dann auch. Für die Zwischenmahlzeiten und die Seelenmassage seid ihr zuständig.«

War klar, dass er mit »ihr« Hendrik und sie meinte.

»Darf er Möhren fressen?«, fragte Chiara.

»Im Prinzip schon, aber er wird sie nicht mögen, weil er sie nicht kennt. Versucht es zuerst mit Gras und Heu! Schade, dass es ein Hengst ist. Mit einer Stute ginge es besser. Die wäre wahrscheinlich etwas pflegeleichter.«

»Ach was! Ist doch bei den Menschen auch nicht so.«

Doktor Kemper schüttelte lachend den Kopf.

Leider musste Chiara los. Wie gern wäre sie noch länger bei Dimitri geblieben. Ob er sich einsam fühlte? Er war es ja gewohnt, in der Herde zu sein, seine Familie um sich zu haben.

KAPITEL 6

Lügen und Geheimnisse

Walter und Svenja saßen bereits auf ihren Dülmenern und warteten, als Chiara mit Brownie den Stall verließ. Sie war mit dem Boot zurückgerudert und hatte das Schloss durch den Stall betreten.

Walter runzelte die Stirn, als er seine Tochter erblickte.

Chiara hatte das Gefühl, er würde ihr das schlechte Gewissen ansehen, und schaute schnell weg.

»Jetzt aber!«, sagte Walter. »Wir haben lang genug auf dich gewartet!«

Sobald sie die Brücke hinter sich gelassen hatten, galoppierten sie los. Chiara bildete ausnahmsweise das Schlusslicht, während Svenja ein ganzes Stück vor ihr mit ihrem Dülmener elegant über den Zaun der Wildbahn setzte. Walter klatschte laut in die Hände und machte es ihr auf seinem Wallach Hannibal nach. Chiara knuffte Brownie mit ihren Beinen in die Seite. Doch vor dem Zaun scheute er, als würde er spüren, dass Chiara mit ihren Gedanken woanders war.

Walter bemerkte, dass Chiara ihnen nicht folgte, und wendete sein Pferd. »Was ist los? Nimm dir ein Beispiel an Svenja!«

Diese war weitergaloppiert und überwand gerade das nächste Hindernis. Chiara hasste es, mit anderen verglichen zu werden, und erwiderte leicht gereizt: »Brownie hat keinen guten Tag.«

»Jetzt schieb es nicht auf den kleinen Dicken!«

Zugegeben, Brownie war ein gedrungenes Pferd, wie alle Dülmener, aber dick war er nicht. Was fiel ihrem Vater ein!

»Versuch's noch mal!«

Chiara sah zurück in Richtung des Waldes, in dem die Jagdhütte stand. Und Dimitri. Dort sollte sie jetzt eigentlich sein!

»Was hast du mit deinen Händen gemacht?«, fragte Walter, der die gelbe Farbe an ihren Fingern entdeckt hatte.

»Habe dem Doc geholfen«, sagte Chiara.

»Wann? Heute früh schon?«

»Nein.«

»Aber gestern Abend waren deine Finger noch nicht gelb.«

»Man sieht die Farbe nicht sofort«, log Chiara.

»Aha!« Ihr Vater sah sie eindringlich an.

»Der... der Doc benutzt sie für Wunden«, stammelte Chiara mit hochrotem Kopf.

»So weit war ich auch schon«, sagte Walter. »Meine Finger wurden aber immer sofort gelb!«

»Meine sind Spätzünder.«

»Aber hoffentlich nur die Finger!« Walter lachte. »Und?« Er deutete mit dem Kopf auf Brownie.

Chiara nahm die Zügel auf und ritt ein Stück zurück, bevor sie wieder angaloppierte. Diesmal klappte es. Und zusammen mit ihrem Vater nahm sie Svenjas Verfolgung auf.

Zu dritt trabten sie bis zum »Urwald«, einem Waldstück, das früher im Torf gestanden hatte. Wie im Dschungel lagen die Wurzeln über der Erde, seit der Torf zurückgegangen war. Sie verlangsamten den Schritt der Pferde. Niemand sagte etwas. Die Morgensonne schien durch das Blätterdach, als wäre der Urwald ein großes Schlafzimmer mit Dachfenstern. Die Vögel gaben ein Sonderkonzert.

Vor ihnen auf einer Lichtung döste eine Herde Wildpferde. Sie bewegte sich kaum. Hier und da schlug ein Schweif eine Fliege weg. Dann änderte sich die Stimmung langsam. Einige Stuten fingen an sich gegenseitig am Fell zu knabbern. Chiara war so sehr in den Anblick der Tiere vertieft, dass sie ihre Sorge um Dimitri vergaß. Stundenlang hätte sie den Pferden zusehen können. Walter und Svenja schien es ähnlich zu gehen.

»Das ist besser als Yoga oder Meditation«, flüsterte Svenja nach einer Weile.

Merkwürdigerweise konnten die Wildpferde gleichzeitig beruhigend und aufregend auf einen wirken.

»Ja, es ist schön«, murmelte Walter.

Chiara lenkte Brownie neben ihren Vater und kletterte hinter ihm auf Hannibal. Sie schlang ihre Arme um Walters Bauch.

Mit Brownie im Schlepptau und Svenja an ihrer Seite ritten sie zurück zum Schloss.

Irene schüttete Kartoffelschalen in die Mülltonne, als die kleine Reitergruppe zurückkam. Sie lief zu Chiara und machte eine Räuberleiter, um ihr beim Absteigen zu helfen.

»Ich bin doch kein kleines Kind mehr«, sagte Chiara gespielt entrüstet.

»Wenn man dich so mit deinem Vater sieht, könnte man das aber schon denken«, erwiderte Irene lächelnd.

Bis zur Schule war noch etwas Zeit und Svenja lud Chiara auf einen Muckefuck ein. Richtigen Kaffee durfte sie noch nicht trinken. Zusammen machten sie es sich auf einem kleinen geblümten Sofa bequem.

»Du magst deinen Vater wohl sehr«, stellte Svenja fest.

Chiara nickte. War doch klar.

»Er ist ja auch unglaublich nett«, sagte Svenja. »Ohne ihn wäre ich nicht hier.«

Walter hatte sich beim Grafen für die Halbtagsstelle von Svenja eingesetzt. Sie hatte beim letzten Wildpferdefang vor wenigen Wochen zu ihrer großen Überraschung einen Jährlingshengst gewonnen und nicht gewusst wohin damit. Als er ihr beim Abtransport beinah durchgebrannt wäre, hatte sie sich mutig wie einer der männlichen Fänger auf ihn gestürzt und ihn gebändigt. Das hatte Walter imponiert. Und da

Svenja sowieso einen Job suchte, war sie zu ihnen aufs Schloss gezogen. Und gehörte seither irgendwie zur Familie.

Chiara schlürfte ihren Muckefuck, als sie plötzlich auf die Uhr schaute und erschrocken aufsprang. »Oje, ich muss schnell zur Schule.« Sie dachte daran, dass sie die erste Stunde bei Frau Klönne hatte, und ein unbehagliches Gefühl machte sich in ihrer Magengegend breit.

Der Schulhof lag verlassen da wie ein Parkplatz nach Ladenschluss. Es hatte längst geläutet. Chiara rannte los und – was für ein Wunder: Frau Klönne betrat just in dem Augenblick die Klasse, als Chiara auf ihrem Stuhl Platz genommen hatte.

Tja, Glück musste man haben.

»Warst du etwa pünktlich?«, fragte die Lehrerin und zog eine Augenbraue hoch.

»Klar«, flunkerte Chiara. »Das sehen Sie doch.«

»Ich war bedauerlicherweise zu spät«, erwiderte Frau Klönne.

»Chiara auch«, ertönte es aus einer der hinteren Reihen. Chiara drehte sich um. Marlene streckte ihr kurz die Zunge raus.

So eine Petze! Wütend schlug Chiara ihr Deutschbuch auf und fluchte leise vor sich hin. Wäre die Schule doch schon vorbei!

In der ersten großen Pause wurde Chiara über die Sprechfunkanlage ins Sekretariat des Lehrerzimmers gerufen. »Ein dringendes Gespräch«, tönte es über den Schulhof.

Boss Rino grinste frech. »Wer ist denn dran? Papilein?«

Es war Hendrik, der Chiara über das Schultelefon anrief, weil sie kein Handy hatte. Er erkundigte sich nach dem Fohlen und sie verabredeten sich direkt nach dem Unterricht an der Zugbrücke.

Hendrik wartete schon auf Chiara, als sie aus der Burg kam, und gemeinsam machten sie sich auf den Weg zur Hütte.

Das Auto von Doktor Kemper war nirgends zu sehen. Er konnte sich ja auch nicht den ganzen Tag um Dimitri kümmern. Chiara und Hendrik schlichen zuerst um die Hütte herum, um durch die Ritzen zu lugen. Dimitri stand in seinem kleinen Stall und fraß von dem Heu, das der Doktor verstreut hatte.

»Wir sollten ihn in Ruhe lassen«, flüsterte Hendrik.

»Und wenn wir wahnsinnig leise sind und ganz vorsichtig.«

»Trotzdem. Ihm geht es gut, das ist doch die Hauptsache.« Hendrik klang sehr entschlossen.

Chiara wusste, dass es eigentlich besser war, nicht in den Stall zu gehen. Aber sie würde ihn ja nicht streicheln, so vernünftig war sie. »Und wenn wir ihm nur frisches Gras geben?« Chiara zeigte auf den Korb voller Gras, das sie vom

Stallfutter abgezwackt hatte. Außerdem mochte sie es nicht, von Hendrik herumkommandiert zu werden.

»Also gut«, sagte Hendrik. »Du gibst ja doch keine Ruhe!« Vorsichtig betraten sie den Stall und näherten sich der Absperrung. Dimitri hob sofort seinen Kopf und spitzte die Ohren. Chiara langte in den Korb und hielt ihm ein Büschel Gras über die Tür hinweg hin. Doch ihr Arm war zu kurz. Schnell zog sie ihn zurück, sie wollte nicht, dass Dimitri sich ihretwegen bewegte und sein verletztes Bein belastete.

Hendrik nahm ihr das Gras aus der Hand und streckte es Dimitri entgegen. Sein Arm war länger. Das Hengstfohlen schnupperte zuerst daran, dann fing es an zu fressen. Hendrik lächelte.

Chiara sah ihn von der Seite an und fand, dass er seine Sache richtig gut machte. Doch kaum näherte sich Dimitri dem letzten Bissen, zog Hendrik erschrocken sein Hand weg. Als ob er Angst hätte, dass Dimitri ihn beißen würde. Auch das Fohlen wich wegen Hendriks hektischer Geste zurück, konnte aber kaum auftreten mit dem kranken Bein. Chiara spürte seinen Schmerz.

»Der tut dir doch nichts!«, sagte sie an Hendrik gewandt.

Dieser wurde sofort wieder förmlich. »Lass uns gehen. Ich muss mit meiner Mutter nach Münster fahren. Wir brauchen noch ein Geschenk für deine Mutter. Und ich einen neuen Anzug.«

»Du kommst mit?«, fragte Chiara erstaunt. Bei den letzten Geburstagsfeiern war nur sein Vater erschienen.

»Wenn du etwas dagegen hast…?« Er zögerte.

Chiara unterbrach ihn sofort: Wie kam er nur auf so eine Idee? »Was sollte ich dagegen haben? Ich freue mich!«, Hendrik sah sie unschlüssig an. Dann sagte er: »Bis morgen« und stapfte davon.

Und aus irgendeinem Grund mochte Chiara ihn urplötzlich schrecklich gern.

Chiara machte sich allein über ihr verspätetes Mittagessen her. Es stammte wie immer aus der Hotelküche und wurde im Backofen der Sommers warm gehalten. Sie fühlte sich richtig gut. Zu gern hätte sie heute mit allen zusammen gegessen. Leider saß die ganze Familie nur selten an einem Tisch. Inzwischen fehlte Chiara sogar öfter als Svenja.

Der alte Herd wurde mit Holz und Kohle gefeuert und stand mitten in der Küche. Das war total gemütlich.

»Chiara!«, hörte sie ihre Mutter aus dem Schlafzimmer rufen. Sie lag im Bett, was ungewöhnlich war um diese Zeit. Ihr Mittagsschläfchen hielt sie immer auf der Couch im Wohnzimmer.

»Geht es dir nicht gut?«

»Nur eine kleine Kreislaufschwäche. Die ganzen Vorbereitungen. Kannst du mir einen Tee machen?«

»Klar«, sagte Chiara. »Mit oder ohne Keks?«

»Hm, mit, bitte.« Der Blick ihrer Mutter fiel auf ihre Hände.
»Was ist denn mit deinen Fingern apssiert? Die sind ja ganz
gelb.«

»Habe dem Doc geholfen«, erwiderte Chiara und beeilte
sich in die Küche zu kommen.

Sie warf den Wasserkocher an und stellte eine große Tasse
mit einem Teebeutel bereit. Ihr Blick fiel auf das Funktele-
fon. Sie drückte die Wahlwiederholung. Es war immer noch
die Nummer ihres Bruders gespeichert. Ihre Mutter hatte offenbar die Vorbereitungstelefonate für das Fest vom Wand-
apparat im Flur geführt. Dort saß sie gern und konnte stundenlang mit der Verwandtschaft telefonieren.

Chiara drückte die grüne Taste und wartete das »Robert,
Robert Sommer« erst gar nicht ab.

»Chiara, Chiara Sommer. Du musst morgen kommen. Mama hat's am Herzen!« Das war zwar ziemlich übertrieben
und etwas gelogen, weil es auch am Stress liegen konnte, aber
egal: Der Zweck heiligte die Mittel.

»Dann soll sie das Fest abblasen!«

»Spinnst du?«

»Ich muss los!« Er verabschiedete sich. Wenigstens legte er
diesmal nicht einfach auf. Chiara sah auf die Uhr. Um diese
Zeit hatte er sonst noch keinen Feierabend. Hatte er doch
Urlaub und sie angelogen?

Am Abend sah Chiara noch mal ohne Hendrik nach dem Fohlen. Klaus Kemper hatte den Verband kontrolliert und neu angegossen und gab Dimitri gerade aus dem Eimer Wasser zu trinken.

»Das Bein ist noch nicht abgeschwollen«, sagte er. »Ausgemistet hab ich schon.« Er hielt ihr den Wassereimer hin. »Und jetzt übernimmst du!«

Sie umfasste den Eimer mit den Händen und hielt ihn Dimitri hin. Leider etwas zu schräg, denn als das Fohlen mit seinem Kopf dagegenstieß, schwappte etwas Wasser über den Rand.

»Er muss sich noch an dich gewöhnen«, beruhigte Doktor Kemper sie.

»Er vermisst bestimmt seine Mutter«, sagte Chiara.

»Bereust du es?«, wollte Klaus Kemper wissen.

Chiara schüttelte den Kopf. »Wir hatten keine andere Wahl, oder?«

»Man hat immer eine Wahl.«

Chiara seufzte und wechselte das Thema. »Ich habe ihn Dimitri getauft.«

»Gewöhn dich nicht zu stark an ihn. Wenn er wieder gesund ist, muss er in die Wildbahn zurück.«

»Daran will ich jetzt noch nicht denken!«, sagte Chiara.

»Du hast doch Brownie.«

»Aber ich wollte immer ein Pferd, das *ich* mir ausgesucht habe.«

»Dann musst du warten bis zum nächsten Wildpferdefang. Vielleicht kannst du Dimitri ja ersteigern.«

Chiara wusste, dass sie von ihrem Vater kein zweites Pferd bekommen würde.

»Wenn Dimitri den Winter überhaupt überlebt. Mit mehr Muttermilch wäre er besser dafür gerüstet«, sagte Doktor Kemper.

»Mit einem kaputten Bein aber nicht!«

»Stimmt auch wieder«, gab er zu. »Hoffentlich haben wir Glück. Da draußen geht es anders zu als bei uns Menschen.«

»Ich finde, *da draußen* geht es besser zu als bei uns. Ich habe noch keine Wildstute gesehen, die einfach abgehauen ist so wie Boss Rinos Vater zum Beispiel.«

»Und ich dachte, du magst Olaf gar nicht.« Klaus Kemper lächelte verschmitzt.

»Stimmt genau!«

»Okay, was anderes: Was wünscht sich deine Mutter eigentlich zum Geburtstag?«

Gute Frage! Darüber hatte Chiara vor lauter Aufregung noch gar nicht nachgedacht. Sie versprach Doktor Kemper, bevor er die Hütte verließ, sich zu melden, falls ihr etwas einfiel. Chiara blieb noch eine ganze Weile bei Dimitri und versicherte ihm, dass sie alles tun würde, damit es ihm bald besser ginge. Dimitri sah sie fragend an, jedenfalls glaubte Chiara das.

Vorsichtig streckte sie die Hand nach ihm aus. Sie wollte ihn streicheln, ihn trösten. Er sollte wissen, dass er nicht allein war. Doch Dimitri wich sofort zurück und warf den Wassereimer um. Chiara beugte sich über die Tür und stellte ihm frisches Wasser aus dem Kanister hin.

Trotzdem konnte sie nicht einfach so gehen, ohne eine direkte Verbindung mit dem Hengst gespürt zu haben. Sie holte eine Mohrrübe hervor. Doch dann überlegte sie es sich anders und hörte lieber darauf, was Doktor Kemper gesagt hatte: Für Karotten war es noch zu früh! Sie gab Dimitri ein Büschel Gras zu fressen, hielt es aber bis zum Schluss fest, sodass er ihre Handfläche berühren musste. Chiara ließ ihre Hand ausgestreckt, hoffte, er würde weiter daran knabbern. Doch Dimitri zog seinen Kopf sofort zurück. Etwas traurig verließ Chiara den Stall.

Auf dem Rückweg pflückte sie Gänseblümchen, die sie, als sie die Wohnung betrat, hinter ihrem Rücken versteckte. Doch ein Blick in die Küche und ins Wohnzimmer verriet ihr, dass ihre Eltern gar nicht zu Hause waren. Plötzlich fühlte sich Chiara einsam. Geknickt ging sie auf ihr Zimmer und bastelte für Irene eine Kette aus den Blumen, die sie mit Haarlack einsprühte.

Ihr Blick glitt durch das offen stehende Fenster mit den Butzenscheiben zum sternklaren Himmel hinauf. Die Grillen zirpten. Hoffentlich bekam Dimitri keine Angst in seiner ersten Nacht in der Hütte, ohne seine wilden Gefährten und seine gewohnte Umgebung. Und so ganz allein.

KAPITEL 7

Zoff

Das Geburtstagsfest ging am nächsten Tag pünktlich los und als die ersten Gäste um kurz vor drei Uhr eintrafen, kam die Sonne hinter den Wolken hervor. Chiara hatte nach der Schule geholfen, bunte Girlanden über den Schlossinnenhof zu spannen. Darunter standen nun Tisch- und Bankreihen für die Gäste. Es wurde gelacht und gegessen. Boss Rino musste neben seiner Mutter sitzen und Mineralwasser trinken, wegen »der Linie«. Keine kalorienhaltige Limo.

»Nur einen Schluck! Ich bin doch kein kleines Kind mehr!«, bettelte er.

»Nichts da!«, wetterte Frau Bettinger. »Dein Vater würde es dir auch nicht erlauben!«

Boss Rino verstummte sofort, als die Rede auf seinen Vater kam, und blickte sich um, ob jemand was von der Unterhaltung mitbekommen hatte. Chiara sah schnell weg.

»Kommt Robert auch?«, rief Frau Bettinger Chiaras Mutter zu. Irene schüttelte nur den Kopf und wandte sich schnell neuen Gästen zu. Dabei glitt ihr Blick kurz zur Zugbrücke, als würde sie jemanden erwarten.

Plötzlich wurde Chiaras Aufmerksamkeit von einem Moto-
rengeräusch abgelenkt. Die silbergraue Limousine der von
Dahlens hielt vor der Zugbrücke. Nur Kutschen und Planwagen und natürlich Fahrräder und Pferde durften die Brücke
passieren. Hendrik und sein Vater stiegen aus und kamen näher. Hendrik sah in seinem dunkelblauen Anzug mit Propel-
ler geschniegelt und gestriegelt aus. Sein Vater trug ebenfalls
einen eleganten Anzug, der wie angegossen saß. Ein weißes
Tuch steckte in der Brusttasche, der Schlips war auffällig ge-
mustert und stach im Vergleich zum Grau des Anzugs ins Auge. Graf von Dahlen gratulierte Chiaras Mutter sehr steif.
Doch Irene, die etwas überdreht war vom vielen Kaffee, fiel
ihm spontan um den Hals, sodass sein Geschenk auf dem Boden landete. Hendrik hob es pflichtbewusst auf und gab es seinem Vater zurück. Dabei warf er Chiara einen peinlich be-
rührten Blick zu. Glaubte sie jedenfalls. Ihr war das Verhalten
ihrer Mutter nicht unangenehm. Aber wahrscheinlich wurde
bei den von Dahlens noch nicht mal Hendriks Mutter vom
Vater umarmt. Jetzt erst bemerkte Chiara, dass Hendrik dün-
ne hautfarbene Handschuhe trug. Was sollte das denn?
Der Graf überreichte das Geschenk: Eine längliche Schmuck-
schatulle, wahrscheinlich befand sich darin eine Kette. Sie
war in durchsichtiger Folie eingepackt mit goldenem Ge-
schenkband, damit man gleich wusste, dass es wertvoll und
teuer war.

74

Irene freute sich sehr darüber und führte die neuen Gäste aufgeregt schnatternd an einen Tisch. Chiara sah genau, dass es dem Grafen nicht passte, sich auf eine Holzbank setzen zu müssen. Hendrik hingegen schien das nicht zu stören. Ein Kellner aus der Dorfkneipe, der die Bewirtung übernommen hatte, damit Frau Bettinger unbeschwert mitfeiern konnte, nahm sofort die Bestellung auf. Natürlich hatten sie den koffeinfreien, magenschonenden Kaffee nicht im Angebot, den ihre Hoheit wünschte. Hendrik sah, dass Chiara sie beobachtete, und zuckte entschuldigend mit den Schultern. Sie bedeutete ihm mit dem Zeigefinger, dass er sich neben sie setzen sollte, doch Hendrik schüttelte nur den Kopf und zeigte auf seinen Vater.

»Hm«, machte Chiara, dann stand sie von ihrem Platz auf und ließ sich neben Hendrik auf die Bank fallen.

»Hallo, Chiara«, sagte Graf von Dahlen freundlich und reichte ihr die Hand.

»Hi, schön, dass Sie kommen konnten«, erwiderte Chiara wohlerzogen. Konnte sie durchaus, wenn sie wollte!

Irene kam mit einer Flasche selbst gemachtem Brombeersaft und einem Glas vorbei und wollte ihnen nacheinander einschenken. »Sieht nur aus wie Likör, hat aber keine Prozente«, erklärte sie. »Wegen der Kinder.«

Der Graf winkte sofort ab. Hendrik hingegen nahm ein Gläschen zu sich.

Gerade als Irene sich neben Graf von Dahlen setzen wollte, ging ein Raunen durch die Menge. Chiara drehte sich um und ihr Herz machte einen Sprung.

»Robert!«, rief Irene.

Chiara hätte erwartet, dass ihre Mutter ihm entgegenrennen und ihm mindestens genauso stürmisch um den Hals fallen würde wie dem Grafen. Aber sie blieb wie angewurzelt stehen, als könnte sie ihr Glück nicht fassen.

»Robert«, sagte sie noch einmal leiser. Chiara wusste, das war das schönste Geburtstagsgeschenk, was Irene an diesem Tag bekommen würde.

Robert ging geradewegs auf seine Mutter zu und es schien, als wollte er sie umarmen. Doch dann nahm er seine Reisetasche von der rechten in die linke Hand und begrüßte sie mit Handschlag. Irene hielt seine Finger umklammert. Obwohl Chiara es nicht erwarten konnte, ihren Bruder zu begrüßen, ließ sie den beiden noch einen kleinen Moment, bevor sie Robert von hinten auf den Rücken sprang. Der ließ daraufhin seine Tasche zu Boden fallen und wirbelte sie herum. Chiara gab ihm die Sporen und dirigierte ihn in Richtung Walter, der mit Doktor Kemper plauderte.

»Hast du 'nen neuen Gaul?«, lästerte Boss Rino, der immer noch neben seiner Mutter saß und eine Bratwurst in sich hineinschob. Frau Bettinger drehte sich um und sah ihn streng an.

Chiaras Blick wanderte wieder zu ihrem Vater, der inzwischen auf seinen Sohn aufmerksam geworden war. Ein spontanes Lächeln huschte über sein Gesicht.

»Guck mal, Papa! Robert ist da.«

»Das ist aber eine Überraschung!«, sagte er. »Konntest du dir doch freinehmen? Wer hätte das gedacht?«

»Hallo, Papa.« Robert streckte ihm die Hand hin. Walter sah sie an, als wollte er sich vergewissern, dass sie sauber war, dann schlug er ein. Dabei war Robert der Pingelige von beiden, der sich zwanzigmal am Tag die Hände wusch.

»Hi, Robert, was macht die Kunst?«, begrüßte Doktor Kemper Chiaras Bruder.

»Deine Mutter hat erzählt, du konntest keinen Urlaub bekommen?«, warf Walter erneut ein.

»Ja, aber dann ging's doch!«, erwiderte Robert betont locker. »Wo kriegt man hier was zu trinken?« Eindeutig eine Verlegenheitsfrage. Das roch Chiara zehn Meilen gegen den Wind.

Chiara gab Robert wieder spielerisch die Sporen und bugsierte ihn zur Theke. Svenja nahm gerade ein Glas Wasser entgegen und drehte sich in dem Augenblick um, als Robert neben sie trat. Chiara, die immer noch auf seinen Schultern saß, sah ihren Blick und stutzte: Sie schien gleichzeitig überrascht, verlegen und verwirrt zu sein. Und einen roten Kopf bekam sie auch noch! Chiara beugte sich vor, um in das Gesicht ihres Bruders schauen zu können. Auch er war rot angelaufen. Ist das die berühmte Liebe auf den ersten Blick?, schoss es ihr durch den Kopf.

Dann sah sie wieder zu Svenja, die Robert die freie Hand entgegenstreckte. Dabei kicherte sie wie ein kleines Mädchen. »Ich nehme an, du bist Robert. Ich bin Svenja.«

Svenja hatte sich Chiara auch so vorgestellt und erklärt, dass es einen Unterschied machte, ob man *ich heiße* oder *ich bin* sagte. Ich *bin* war angeblich selbstbewusster als *ich heiße*. Chiara war es egal, sie sagte es so, wie es ihr gerade passte.

»Ja, ich heiße Robert.«

Das konnte ja heiter werden! Denn wer die Hosen von den beiden anhatte, wusste Chiara jetzt schon. Sie rutschte an ihrem Bruder herunter. »Ich muss noch was erledigen.«

Hendrik und sein Vater brachen gerade auf. Es war wie so oft nur ein Höflichkeitsbesuch gewesen. Chiara nahm Hendrik beiseite. »Kannst du nicht noch ein bisschen bleiben?«

»Es geht jetzt nicht«, flüsterte er mit Blick auf seinen Vater, als wäre es ihm unangenehm, von Chiara aufgehalten zu werden.

»Kannst du nicht oder *willst* du nicht?«

»Lust hätte ich schon, aber...«

Chiara ließ ihn nicht ausreden. »Ich sage meinen Eltern immer, was ich möchte und was nicht.«

»Darum geht's nicht!«, erwiderte Hendrik.

»Worum dann?«

»Nicht jetzt. Später!« Hendrik wirkte auf einmal ganz verschüchtert. »Meine Mutter wartet auf uns. Wir essen heute Abend zusammen.«

»Ihr könnt doch hier was essen!«

»Wir sind aber mit meiner Mutter verabredet.«

Chiara war nie mit ihren Eltern zum Essen »verabredet«. Entweder sie aßen zusammen, weil alle da waren oder eben nicht. »Warum trägst du Handschuhe?«

Statt zu antworten deutete Hendrik auf Chiaras gelbe Finger. Die Farbe war immer noch nicht ganz weg.

»Du hast das Fohlen verarztet? Spinnst du?«

»Ich weiß, dass du mir das nicht zutraust. Ich war vorhin kurz da, der Verband war trocken. Deshalb habe ich Doktor Kemper angerufen und er hat mir Instruktionen gegeben.«

Schon wieder dieses Fremdwortgeschwafel! »Warum bist du allein zu dem Fohlen gegangen?«

»Darf ich das etwa nicht?«

»Darum geht's nicht. Ich dachte, wir halten zusammen.«

»Das tun wir doch«, sagte Hendrik.

Chiara war sich bewusst, dass sie am Morgen auch ohne ihn beim Fohlen war, trotzdem störte sie sein Alleingang. »Hat es geklappt mit dem Verband?«, fragte sie.

»Ich habe ihn aus Versehen gelöst. Aber der Doktor kümmert sich nachher darum.«

Chiara warf Klaus Kemper einen finsteren Blick zu. Er unterhielt sich immer noch angeregt mit ihrem Vater. Warum war er nicht längst zur Hütte gefahren! »Ich muss sofort zu Dimitri! Kommst du mit?«

»Es ist nicht so schlimm, sagt der Doktor.« Hendrik sah sie aus zusammengekniffenen Augen an.

»Und wenn doch? Der Doc hat's nicht gesehen und du hast keine Ahnung!« Wie konnten alle so ruhig bleiben, während es Dimitri vielleicht schlecht ging? Dann hielt sie kurz inne. Eigentlich hatte Hendrik es nicht verdient, dass sie ihn so fies behandelte. Sie schob ein halbherziges »Entschuldigung« hinterher.

Hendrik schaute sie an, ohne etwas zu sagen. Dann drehte er sich um und murmelte: »Ich muss jetzt wirklich los.«

»Es tut mir leid!«

»Damit ist es nicht immer getan«, erwiderte er.

»Was soll ich denn jetzt machen? Vor dir auf den Knien rumrutschen?«

»Es ist doch sowieso *dein* Fohlen.«

»Wir haben es zusammen aus der Wildbahn geholt, schon vergessen? Kriegst du kalte Füße?« Chiara deutete in Richtung von Hendriks Vater, der vor der Zugbrücke wartete.

»Alles klar!« Mit diesen Worten ging Hendrik und ließ Chiara ratlos zurück.

Die nächste Stunde saß Chiara wie auf heißen Kohlen. Sie lauerte auf einen günstigen Moment, um verschwinden zu können. Als die Feier in vollem Gange war, gab sie Klaus Kemper ein Zeichen und gemeinsam schlichen sie zum Versteck im Wald.

Durch die Ritzen im Holz sahen sie, dass Dimitri immer noch auf allen vieren stand. Ein gutes Zeichen! Etwas beruhigt gingen sie hinein und Doktor Kemper legte mit ein paar Handgriffen einen neuen Verband an.

»War es schlimm, was Hendrik gemacht hat?«

»Das hätte dir auch ohne Weiteres passieren können«, sagte der Doktor. »Aber jetzt ist alles wieder in Ordnung.« Er verließ Dimitris Stall und stellte das Rivanol auf einem Heuballen ab. Dann erst zog er die Handschuhe aus, kehrte die Innenseite nach außen und steckte sie in die Hosentasche.

»Aber sein Bein sieht dicker aus?«

»Weil sich der Verband gelöst hatte.«

»Und daran ist Hendrik schuld!«

»Chiara, jetzt reicht es. Komm, wir müssen zurück, bevor unser Verschwinden auffällt.«

Chiara konnte sich nicht von Dimitri trennen und Klaus Kemper brummte ungeduldig: »Dein Vater fragt bestimmt schon nach dir.«

Chiara sah zur Tür. Sie wünschte sich nichts sehnlicher, als dass Hendrik plötzlich auftauchen würde.

Als sie sich endlich wieder unauffällig unter die Gäste gemischt hatten, waren Robert und Svenja wie vom Erdboden verschluckt.

»Da bist du ja«, sagte Irene, als sie ihre Tochter erblickte. Sie saß auf einer Bank.

Chiara schlang von hinten die Arme um den Hals ihrer Mutter. »Ich habe was Dummes gemacht«, sagte sie.

Irene drehte sich um und sah sie besorgt an. »Wieso, was ist denn?«

»Ich habe Hendrik blöd behandelt. Total von oben herab.«

»Ich habe mich ebenfalls danebenbenommen.« Irene spielte auf ihre kumpelhafte Umarmung des Grafen an. »Total von *unten* herab.«

Die beiden fingen an zu lachen und kriegten sich überhaupt nicht mehr ein.

Walter sah irritiert zu ihnen hinüber. »Meine Frauen!«, rief er kopfschüttelnd.

Chiara lag lange wach und wartete darauf, dass Robert ins Bett ging. Dann plötzlich hörte sie ein Geräusch und wenig später steckte ihr Bruder den Kopf durch die Tür, die Chiara einen Spalt hatte offen stehen lassen.

»Bist du noch wach?«

»Hab auf dich gewartet.« Chiara war froh, dass er da war, und hätte ihn am liebsten nicht mehr fortgelassen.

Während er sich seine Hände an einem Handtuch abtrocknete, kam er ins Zimmer geschlendert und setzte sich auf ihr Bett.

»Bazillenspasti!«

»Rotzlöffel! Dreckspatz!«

Beide lachten.

»Schön, dass du die Feier nicht hast sausen lassen«, sagte Chiara. »Du weißt gar nicht, was für eine Freude du Mama damit gemacht hast.«

»Und ob ich das weiß. Aber deshalb fällt es mir nicht leichter hierherzukommen.«

»Menschen eine Freude zu bereiten ist doch schön?«

»Aber nicht, wenn es einen zu viel kostet«, sagte Robert ernst und seufzte. Dann sah er sie an und schüttelte den Kopf. »Wenn ich es nicht besser wüsste, würde ich sagen: Da waren zwei Hengste in der Herde. Ein aschgrauer und ein pechschwarzer. Und dreimal darfst du raten, von wem ich abstamme.« Robert nickte auffordernd mit dem Kopf, als hätte er eine ernste Frage gestellt. »Von dem grauen natürlich.« Er lachte über sich selbst.

»Das ist doch Quatsch!«

»Okay, dann haben sich Papas Gene verändert, achtzehn Jahre nach mir.«

»Du meinst, weil er schon so lange mit den Wildpferden zusammen war, als ich geboren wurde?«

Robert nickte. »So was färbt ab.«

Chiara legte die Stirn in Falten. »Das heißt, wenn ich mal Kinder kriege...«

»... kommen sie bestimmt mit zwei Hufen zur Welt. Und sie schreien nicht, sie wiehern.«

»Das glaube ich nicht!«

»Ich auch nicht!« Robert lachte.

Chiara knuffte ihn in die Seite.

Robert stöhnte theatralisch auf, dann sagte er: »Jetzt mal im Ernst: Papa und Mama sind total froh, dich zu haben. Vor allem Papa. Ich hätte nie gedacht, dass sie mich vermissen würden. Mama hat immer so getan, als hätte ich alle Freiheiten der Welt.«

»Sie wollte dich nicht einengen, hat lieber darunter gelitten.«

»Warum sagen und tun Menschen nicht, was sie fühlen und denken?«, fragte Robert.

»Ich schon.«

»Du bist ja auch ein halbes Wildpferd.« Robert tätschelte ihr liebevoll den Kopf. Von ihm ließ Chiara sich das gern gefallen.

»Wissen Tiere immer, was sie wollen?«, fragte sie.

»Tiere haben keine Wünsche, sie sind wunschlos glücklich oder auch nicht.«

»Und was ist jetzt besser?«

»Du meinst, wer besser dran ist: deine Wildpferde oder wir?«

»Ja, Tiere können zum Beispiel nicht sagen, wenn ihnen was

wehtut«, erwiderte Chiara und war drauf und dran, Robert von Dimitri zu erzählen.

»Menschen könnten es, machen es aber nicht immer«, sagte Robert. »Guck dir Mama an!«

»Wie lange bleibst du eigentlich?«, wechselte Chiara das Thema.

»Theoretisch meinen ganzen Jahresurlaub.«

»Super!«

»Für dich vielleicht.«

»Und für Svenja bestimmt auch?« Chiara sah ihren Bruder eindringlich an.

»Sie ist ganz nett«, erwiderte Robert.

Das musste sie sich merken, sollte sie mal nach Hendrik gefragt werden: *Er ist ganz nett.*

Robert beugte sich vor, um aufzustehen. Dabei entdeckte Chiara eine Kette mit einem Anhänger unter seinem Hemd.

»Was hast du da?«

»Das ist mein Sternzeichen: Jungfrau. Und welches hast du?«, fragte Robert.

»Widder«, sagte Chiara.

»Ist auch nicht viel besser. Jungfrauen sind pingelig und penibel, und Widder ...«

»... wollen immer mit dem Kopf durch die Wand«, fiel Chiara ihm ins Wort.

»Ich finde, das passt gar nicht zu uns.« Robert lachte.

»Nein, auf keinen Fall!« Chiara schüttelte den Kopf. Robert ebenfalls. Er steckte den Jungfrauen-Anhänger wieder unter sein Hemd und stand auf.

»Kommst du morgen mit in die Wildbahn? Papa hat eine Besuchergruppe aus dem Rheinland da. Svenja kommt auch mit.« Das hatten sie bei den Festvorbereitungen vereinbart.

»Weiß nicht.«

»Ach, komm«, sagte Chiara.

»Das gibt nur wieder Ärger mit Papa. Du weißt...«, erwiderte Robert.

»Ja, ich weiß, dass du dagegen bist, die Pferde einzusperren, sich aber nicht um sie zu kümmern«, unterbrach Chiara ihren Bruder. »Ihr könntet doch einfach mal eure Klappe halten.«

»Ich vielleicht schon, aber Papa nicht.«

»Ach komm, du bist auch voll der Sturkopf.« Chiara knuffte ihren Bruder in die Seite. Dann stand sie in ihrem Bett auf und nahm Robert in den Arm. »Ich hab dich lieb, genau so wie du bist.«

»Danke, kleine Schwester. Du bist die Größte!«

Dafür hätte sie ihn küssen können!

Als er ging, warf sie ihm das Handtuch hinterher, das er auf ihrem Bett hatte liegen lassen. Sie schüttelte den Kopf. Dass sie Geschwister waren, grenzte wirklich an ein Wunder.

KAPITEL 8

Stute in Not

Boss Rino war mit von der Partie, als die Besuchergruppe am nächsten Nachmittag in die Wildbahn stiefelte. Auch das noch! Er wollte unbedingt mitkommen und Walter hatte nichts dagegen gehabt. »Er hat doch keinen Vater.«

Um die Kinder fremder Leute kümmerte er sich, aber nicht um seinen eigenen Sohn. Chiara verstand die Welt nicht mehr.

Als Walter ein paar plattdeutsche Brocken einwarf wie »De Per« statt »Pferde« und »de Beim« statt »Bäume«, revanchierten sich die Rheinländer mit Kölschem Platt. Chiara kapierte nur noch Bahnhof.

Die große Weide an der zentralen Wasserstelle war verwaist. »Wo sind sie denn? Wo sind sie denn?« Die Kölnerin spähte die ganze Zeit durch die Linse ihrer Videokamera, statt sich die Landschaft und die Pferde direkt anzusehen. Sie hatte wieder knallrot geschminkte Lippen und dreifarbige Strähnchen im Haar.

»Die kommen schon noch. Notfalls rufe ich sie.« Die Pferde hörten meistens auf Walters Rufen.

»Also, wenn ich keinen von diesen wilden Dingern vor die Kamera bekomme, will ich meinen Eintritt zurück.«

»Haben Sie eine Reiserücktrittsversicherung abgeschlossen?«, fragte Boss Rino frech.

Chiara schaute ihren Erzfeind anerkennend an. Robert und Svenja warfen sich verstohlen einen Blick zu und grinsten.

»Man wird ja noch was erwarten dürfen für sein Geld«, empörte sich die grell bemalte Dame.

»Zwei Euro fünfzig sind spottbillig«, sagte Boss Rino. Walter musste lächeln, was Boss Rino nicht entging. Er setzte ein breites Grinsen auf. Chiara bekam beinah zu viel.

»Wildpferde schlafen normalerweise im Stehen«, erklärte Walter. »Sie sind Fluchttiere und haben Angst, dass sie ihr Gewicht nicht rechtzeitig hochkriegen, wenn Gefahr droht.«

»Dicke Frauen müssen auch im Stehen schlafen!« Boss Rino lachte gackernd über seinen Witz.

Die etwas füllige Kölnerin fühlte sich angesprochen und guckte beleidigt weg.

»Dann dürftest du dich nachts auch nicht aufs Ohr legen. Du hast zu viel Speck auf den Rippen«, sagte Walter.

Chiara klatschte Beifall. Boss Rino reagierte mit einem »Ha! Ha!«

Die Kölnerin sah das Wildpferd als Erste und hielt sofort ihre Kamera darauf. »Dem geht's aber gar nicht gut«, sagte sie.

»Wieso, was ist denn?«, fragte Robert.

»Da hinten liegt ein Pferd auf dem Boden.« Sie gab Robert die Kamera, damit er sich selbst davon überzeugen konnte.

Robert sah hindurch, war aber nicht in der Lage, die Situation richtig zu beurteilen. Er reichte die Kamera an Svenja weiter.

»Das Pferd hat offenbar Durchfall oder Würmer«, erklärte sie der Kölnerin.

Walter, der weiter vorn stand und geduldig die Fragen der anderen Gäste beantwortete, schnappte diesen Gesprächsfetzen auf und mischte sich ein. »Was ist los?«

»Nichts«, sagte Chiara schnell, um möglichen Ärger zwischen ihrem Bruder und ihrem Vater zu vermeiden.

»Da hinten verreckt eine Stute«, tönte Boss Rino.

Chiara hätte ihn ohrfeigen können.

»Quatsch, sie hat Durchfall. Das legt sich bestimmt wieder«, wandte Svenja ein.

»Die muss ich filmen, bevor ich nichts in den Kasten bekomme«, sagte die Hobbykamerafrau und wollte schon losstapfen.

»Hiergeblieben!«, rief Walter streng. »Wenn ein Wildpferd krank ist, muss man es erst recht in Ruhe lassen.«

»Es ist nicht krank, es liegt im Sterben. Sonst wäre es schon längst aufgestanden«, sagte Robert.

Chiara riss entsetzt die Augen auf.

»Das geht uns nichts an«, sagte Walter. »Ohne diese Videokamera hätten wir nichts davon mitbekommen.«

»Wir haben es aber mitgekriegt«, beharrte Robert.

»Wir können einen Tierarzt rufen, ich habe ein Handy dabei«, sagte die Besucherin.

»Noch mal: Wir dürfen dem Pferd nicht helfen, weil Wildpferde keine Medizin vertragen. Als wir vor einigen Jahren ausnahmsweise eine Wurmkur durchführten, haben viele Stuten ihre Fohlen verloren.«

»Das hier ist ein Einzelfall«, erwiderte Robert.

»Hast du es immer noch nicht verstanden«, sagte Walter barsch. »Nur die robusten Pferde kommen durch und das ist gut so.«

»Verreckt es jetzt oder nicht?«, fragte Boss Rino.

Diesmal traf ihn ein strenger Blick von Walter, was Chiara insgeheim sehr freute.

»In der Wildbahn gibt es keinen Tierarzt«, erklärte Svenja der Kölnerin. »Entweder das Pferd schafft es allein, den Durchfall oder die Würmer loszuwerden, und frisst Rinde statt Gras, oder ...« Sie führte den Satz nicht zu Ende, sondern zuckte stattdessen mit den Schultern. »Tja. Oder haben Sie schon mal einen Tierarzt im afrikanischen Dschungel gesehen?« Sie schaute Walter an.

»Da war ich noch nie. Dafür reicht unsere Urlaubskasse nicht.« Die Frau stieß ihren Mann, der neben ihr herlief, in die Seite.

»Ist vielleicht nicht so schlimm mit der Stute.« Chiara versuchte die aufkommende Spannung zu entschärfen.

»Wir sollten besser nachsehen«, fand Robert. »Vielleicht können wir erkennen, was ihr fehlt.«

»Untersteh dich!«, sagte Walter. »Du würdest damit alles nur noch schlimmer machen!«

»Noch schlimmer, als es schon ist? Willst du einfach zuschauen?«

»Wir sehen fast nie zu, weil wir es gar nicht mitkriegen.« Auch Svenja versuchte den aufkeimenden Streit zu schlichten.

Robert sah sie enttäuscht an.

»Aber man kann doch nicht ein Pferd vor die Hunde gehen lassen!«, empörte sich die Kölnerin.

»Jetzt übertreiben Sie mal nicht«, sagte Walter. »Wir sind hier nicht im Streichelzoo, sondern in der freien Natur. Nur der Stärkere überlebt.«

»Schrecklich«, sagte die Frau. »Ich mag überhaupt nicht daran denken.«

»Wir halten uns raus!«, sagte Walter bestimmt.

Robert sah Chiara auffordernd an. Sie wich seinem Blick aus. Sie war verwirrt. Konnte keinen klaren Gedanken mehr fassen. Irgendwie hatten alle recht.

Hendrik kam auch an diesem Abend nicht zum Stall. Chiara wusste nicht, was los war. Hatte er tatsächlich kalte Füße bekommen? War er deshalb so abweisend gewesen? Oder war er immer noch sauer wegen ihres Streits? Sein Vater wäre bestimmt noch wütender auf ihn als ihr Vater auf sie, wenn herauskäme, dass sie ein Fohlen aus der Wildbahn gerettet hatten und gesund pflegten. Oder hatte er sich verplappert und war zu Hausarrest verdonnert worden? Vielleicht hatten ihn die gelben Finger verraten und ihm war keine passende Ausrede eingefallen? Dann dauerte es nicht lange und ihr Vater würde ebenfalls Bescheid wissen und ihr die Hammelbeine lang ziehen.

Ohne Hendrik machte es ihr nur halb so viel Freude, sich um Dimitri zu kümmern. »Vermisst du ihn auch?«, fragte sie das Hengstfohlen und sah in seine dunklen Augen. Dann musste sie lachen. »Als ob du mir antworten könntest.«

»Wenn eine mit Pferden reden kann, dann du«, sagte Doktor Kemper, der zum Verbandwechseln gekommen war.

»Ja, ich rede auf sie ein und die stöhnen innerlich und hoffen, dass ich endlich die Klappe halte, stimmt's, Dimitri?«, erwiderte Chiara und klopfte ihm den Hals.

Dimitri wich sofort zurück.

»Vorsicht!«, rief der Doktor.

»'tschuldigung! Da sind die Pferde mit mir durchgegangen!«

»Jetzt mal im Ernst«, sagte der Doktor. »Ich mache mir Sorgen. Wenn Hendrik auffliegt, bin ich auch dran.«

»Hm ... ich weiß nicht, warum er sich nicht meldet. Vielleicht sollten wir mal bei ihm vorbeischauen?«

»Gute Idee«, entgegnete Doktor Kemper.

Der Tierarzt parkte den Wagen in der Nähe des schmiedeeisernen Eingangstors des Familiensitzes und klingelte.

»Wer ist da bitte?«, meldete sich eine Frauenstimme.

»Mein Name ist Klaus Kemper. Ich würde sehr gern mit Herrn Hendrik von Dahlen sprechen.«

Wie er das sagte: *Herrn Hendrik.* So groß war Hendrik nun auch wieder nicht. Zu ihr hatte er noch nie *Frau Chiara Sommer* gesagt.

»In welcher Angelegenheit?«, fragte die Bedienstete.

»Es geht um eine berufliche Frage.«

»Darüber ist hier im Haus aber nichts bekannt«, sagte die Frau skeptisch.

»Ich bin Chiara, Chiara Sommer«, mischte sich Chiara ein. »Hendrik und ich sind Freunde.«

»Darüber ist hier ebenfalls nichts bekannt«, ertönte es wieder aus der Gegensprechanlage.

Na prima, der Doktor und sie waren ein Superteam!

»Kann ich ihn trotzdem sprechen?«, wollte Chiara wissen.

»Ich werde sehen, was sich machen lässt. Einen kleinen Moment bitte.«

Chiara und Klaus Kemper schauten sich an. Das war bisher nicht so toll gelaufen.

Ein Rauschen in der Anlage kündigte an, dass die Frau zurück war. »Hendrik von Dahlen erwartet Sie im Speisesaal.« Das Tor ging auf und Chiara und Klaus Kemper traten ein.

Auf dem Kiesweg kam ihnen ein Mann mit einer Nickelbrille entgegen, der freundlich grüßte. Ob das Hendriks Lehrer war?, fragte sich Chiara. Er hatte scheinbar jetzt erst Feierabend. Vielleicht hatte Hendrik nachsitzen müssen, eventuell gab es so was auch bei den *Von und Zus?*

Die Frau, die ihnen die Haustür aufmachte und die Chiara an der Stimme wiedererkannte, sah viel freundlicher aus, als sie geklungen hatte. »Darüber ist hier im Haus aber nichts bekannt.« Chiara lächelte in sich hinein. Wenn die wüssten, *was hier im Haus* sonst noch alles nicht bekannt war.

Hendrik saß in einem riesigen Raum an einem gedeckten Tisch und wartete offensichtlich auf seine Eltern. »Chiara, Doktor Kemper«, sagte er erfreut. »Was verschafft mir das Vergnügen?«

Chiara sah sofort, dass er keine Handschuhe mehr trug, aber vom Waschen rot gescheuerte Hände hatte. Ohne Spuren von gelber Farbe.

»Wo warst du?«

»Ich konnte nicht weg.«

»Wie, nicht weg?« Chiara wollte es doch schon etwas genauer wissen.

»Verpflichtungen«, erwiderte er knapp.

»Und ich dachte schon, du bist aufgeflogen und hast Hausarrest bekommen oder sitzt in eurem Schlosskerker.«

»Nehmt doch bitte Platz!«

»Wir wollen nicht lange stören«, sagte Chiara. »Also ist alles in Ordnung? Niemand weiß etwas?«

»Was weiß niemand?« Graf von Dahlen stand in der Tür und begrüßte sie mit einem freundlichen Handschlag. Heute wirkte er viel lockerer als auf dem Fest.

»Das hat sich schon so gut wie erledigt«, sagte Klaus Kemper schnell.

»Ja, er hat recht, Vater«, stotterte Hendrik.

»Das klingt aber nicht sehr überzeugend«, meinte der Graf. »Darf man fragen, worum es ging?«

»Ähm, ja...«, stammelte Chiara. Sonst war sie nicht auf den Mund gefallen, aber ausgerechnet jetzt stand sie Hendrik in Sachen Verlegenheit in nichts nach.

»Schon gut«, wandte der Graf ein. »Mein Sohn wird es mir bestimmt später erzählen.«

Wenn Chiara geglaubt hatte, dass die Angelegenheit damit vom Tisch war, so hatte sie sich gewaltig geirrt. Den Grafen konnte man nicht so schnell hinters Licht führen wie ihre Mutter.

»Ja«, sagte Hendrik kleinlaut.

»Du warst in letzter Zeit so oft verschwunden.« Der Graf ließ nicht locker und setzte sich seinem Sohn gegenüber an den Tisch. Hendrik nahm sofort seine feuerroten Hände von der Tischdecke.

Und als ob das Doktor Kemper auf eine Idee gebracht hätte, sagte dieser: »Die Wahrheit ist, er hilft mir manchmal in der

Praxis.« Stille. Absolute Stille. Man hätte eine Stecknadel fallen hören können.

»Das müssen Sie mir genauer erzählen. Essen sie doch mit uns.« Der Graf sah auch Chiara auffordernd an und sie nahmen die Einladung an. Herr von Dahlen rief die Bedienstete und bat um zwei weitere Gedecke. Chiara wurde ganz anders zumute.

»Dann erzähl mal! Wie geht es zu in einer Tierarztpraxis?« In der Stimme des Grafen lag etwas Lauerndes, Misstrauisches.

»So oft war er noch nicht da«, platzte Chiara heraus.

»Dich habe ich nicht gefragt«, erwiderte Hendriks Vater höflich, aber bestimmt.

»Ich weiß es aber«, sagte Chiara frech.

Der Graf lächelte in sich hinein.

»Ich habe zum Beispiel dabei geholfen, Verbände anzulegen«, sagte Hendrik.

»Interessant. Aber deshalb musst du deine gelben Hände nicht unter dem Tisch verstecken.« Der Graf ließ seinen Sohn spüren, dass er ihm nicht glaubte.

Chiara fand nicht, dass das ein richtiges Gespräch war. Das war ein Verhör. Da waren ihr die Streitigkeiten zu Hause viel lieber, auch wenn dann richtig die Fetzen flogen.

»Du nervst«, sagte Hendrik plötzlich.

Dem Grafen fiel beinah die Kinnlade herunter. »Was hast du gerade zu mir gesagt?«

»Du nervst manchmal wirklich«, wiederholte Hendrik und ein Lächeln umspielte seinen Mund.

»Muss ich mir das bieten lassen?« Der Graf lehnte sich in seinem Stuhl zurück und man sah ihm an, dass er sich stark zusammenreißen musste, um nicht zu explodieren.

»Das liebe ich so an meinem Vater, seinen Humor«, fuhr Hendrik fort.

Bevor Graf von Dahlen etwas erwidern konnte, kam die Bedienstete mit den Getränken herein und ein unangenehmes Schweigen breitete sich aus.

Chiara hielt es nicht mehr aus. Sie täuschte Bauchschmerzen vor. Zum Glück durchschaute Klaus Kemper ihr Manöver sofort und bot an, sie nach Hause zu bringen.

KAPITEL 9

Ein Pferderipper geht um

Klaus Kemper setzte Chiara vor der Zugbrücke ab. »Der Graf hat keine Ahnung von dem Fohlen, da bin ich mir sicher«, sagte Chiara und öffnete die Beifahrertür.

»Ja, wir können uns auf Hendrik verlassen«, erwiderte der Doktor, als auf einmal sein Handy klingelte. Mit einem nervösen Blick auf Chiara nahm er den Anruf entgegen. »Svenja, du, das ist jetzt schlecht. Ich ruf dich gleich zurück, okay?« Chiara stutzte. Warum telefonierten die beiden miteinander? »Es geht um die nächste Jagd«, sagte Klaus Kemper, als hätte er Chiaras Gedanken gelesen. »Svenja möchte daran teilnehmen, nachdem sie im letzten Monat ihren Jagdschein gemacht hat. Frau Klönne und noch ein paar andere Freizeitjäger werden auch mit von der Partie sein.«

»Aha.« Misstrauisch sah Chiara den Tierarzt von der Seite an. Dann verabschiedete sie sich und stieg aus.

Langsam schlenderte sie über die Brücke. In der Mitte blieb sie stehen und stützte sich mit den Ellbogen auf dem Geländer ab. In den letzten Tagen war so viel passiert. Sie ließ ihren Blick in die Ferne schweifen und sah Robert über die Weide zum Hochsitz gehen, der sich am Rand des kleinen Wäldchens befand, in dem sie das Fohlen versteckt hielten. Das war früher Roberts Lieblingsplatz gewesen und auch Chiara war häufig dort, wenn sie nachdenken wollte. Schnell entschied sie, ihrem Bruder zu folgen.

Dieser bemerkte sie zuerst nicht. In Gedanken versunken kauerte er auf dem Hochsitz, als Chiara die morsche Leiter hochkletterte und sich neben ihn auf einen kleinen Schemel hockte. Schweigend saßen sie nebeneinander. Die feuerrote Abendsonne tauchte die Baumkronen in ein warmes Licht. Ein paar Raben stiegen krächzend in die Luft auf.

»Ist das schön hier«, flüsterte Robert leise, als würde jedes zu laute Wort die Idylle stören.

»Ja«, erwiderte Chiara und zum ersten Mal seit langer Zeit fühlte sie sich ihrem Bruder ganz nah. Sie schob ihre linke Hand in seine rechte und so saßen sie da, bis es völlig dunkel geworden war.

Als sie nach Hause zurückkamen, trafen sie Svenja, die gerade mit einer großen Sporttasche in der Hand versuchte ihre Apartmenttür aufzuschließen. Robert und Svenja standen sich gegenüber und drucksten verlegen herum.

»Willst du Robert morgen nicht das Schloss zeigen?« Chiara zwinkerte Svenja verschwörerisch zu.

»Von mir aus gern.« Svenja sah Robert an.

»Ich kenne das Schloss doch«, wandte Robert ein.

Chiara stöhnte innerlich auf, sagte aber ganz ruhig: »Svenja macht das ganz toll. Das ist bestimmt interessant für dich.«

»Also gut, um zehn?«

»Um die Uhrzeit kann ...« Chiara brach rechtzeitig ab. Beinahe hätte sie sich verplappert. Robert sollte ja nicht erfahren, dass sie bei den Schlossführungen heimlich dabei war und als Gespenst verkleidet die Besucher im Kellerverlies erschreckte. Wenn es eine Gruppe aus älteren Herrschaften war, musste sich Chiara im Zaum halten. Bei kleineren Kindern stellte sie sich als liebes Schlossgespenst vor, das seinen Beruf verfehlt hatte, weil keiner Angst vor ihm hatte und es niemanden erschrecken konnte.

»Um drei passt mir besser«, sagte Svenja.

»Gut, um drei.« Robert lächelte.

Svenja strahlte über das ganze Gesicht und schloss die Tür zu ihrer Wohnung auf.

Lange stand Chiara neben ihrem Himmelbett und hielt sich mit einer Hand an einem der vier Balken fest, die den Baldachin trugen. Sie schloss die Augen und versuchte sich vorzustellen, wie es war, im Stehen schlafen zu müssen, noch dazu mit einem kranken Bein. Sie hob ihr linkes Bein etwas an, stützte den Fuß auf der Hacke ab und belastete das rechte

Bein etwas mehr. An Schlafen war so nicht zu denken! Der arme Dimitri!

Aber es half ihm nichts, wenn sie am nächsten Tag zu müde war, um sich um ihn zu kümmern. Sie krabbelte unter die Decke und bald fielen ihr die Augen zu.

In einem Affenzahn radelte Chiara am nächsten Tag von der Schule nach Hause. Sie wollte ihren Gespenstereinsatz nicht verpassen. Sie rannte in ihr Zimmer und wühlte in der Wäschetruhe herum, bis sie schließlich das richtige Kostüm gefunden hatte. Hektisch streifte sie es über und verhedderte sich prompt mit den Armen darin. Plötzlich hörte sie ein dumpfes Geräusch, als wäre etwas Schweres zu Boden gefallen. Schnell zupfte sie das Kostüm zurecht. Jetzt hörte sie das Poltern deutlicher. Es kam von unten. Chiara schob den Flokatiteppich beiseite, öffnete vorsichtig die Falltür und steckte ihren Kopf durch die Luke. Ach nee! Boss Rino versuchte gerade den schweren Deckel der Schatztruhe hochzuheben, die neben der Ritterrüstung stand. Chiara zog ihren Kopf zurück, schloss die kleine Tür leise und legte den Flokati wieder darüber, damit ihre Eltern nichts merkten. Sie hatte hoch und heilig versprechen müssen, die Luke nicht aufzumachen, weil sie runterfallen und sich sämtliche Knochen brechen könnte. Wenn sie herausfinden wollte, was Boss Rino dort zu suchen hatte, musste sie sich beeilen. Sie lief aus ihrem Zimmer und stieg die Treppen zum Keller hinunter. Hier waren die Decken niedriger. Chiara tastete sich an der Wand entlang und musste aufpassen, sich nicht den Kopf zu stoßen. Sie steuerte direkt auf die Tür zur Schatzkammer zu. Doch gerade als sie den spärlich beleuchteten Raum betreten wollte, ging das Licht aus und hüllte sie in Finsternis.

»Hallo, ist da jemand?« Ängstlich machte Chiara einen Schritt zurück. Keine Antwort. »Hallo ... hallo wer ist da?«, stammelte sie.

»In der Wildbahn liegt ein totes Pferd«, hörte sie eine heisere Stimme aus dem Dunkeln. »Eine Stute.«

Doch nicht etwa die Stute, die sie am Tag zuvor gesehen hatten!, schoss es Chiara durch den Kopf. Sie ging weiter, passierte die Tür und schob sich an der Wand entlang bis zum Lichtschalter vor. Kaum hatte sie die Lampe angeknipst, erschrak sie fast zu Tode. Boss Rino stand dicht vor ihr und brach in schallendes Gelächter aus.

Er hielt sich ein Taschentuch vor den Mund und sagte: »Na, hab ich dir Angst gemacht?«

»Du bestimmt nicht. Ich wusste, dass du es bist.«

»Du hast dir doch in die Hosen gemacht, gib es zu!«

»Blödsinn! Heiße ich Boss Rino? Was machst du eigentlich hier unten?«

»Und du?« Er zupfte an Chiaras weißem Gespenstergewand. »Arme Omis erschrecken?«

»Was ist mit der toten Stute?«, hakte Chiara nach.

»Ich hab sie gesehen, mausetot. Aber heul nicht!«

»Ist sie am Durchfall gestorben?«

»Keine Ahnung, sie hat geblutet.«

»Du willst mich veräppeln!«

»Nein, dein Vater ist schon da. Er hat gesagt, da hat jemand nachgeholfen. Direkt zwischen die Augen. Mit Zielwasser!«
In Chiaras Kopf wirbelten die Gedanken durcheinander und ein kalter Schauer lief ihr über den Rücken.
Boss Rino formte aus Zeigefinger und Daumen eine Pistole und setzte den Lauf zwischen seine beiden Augen.

»Wer macht denn so was?« Chiaras Magen krampfte sich zusammen, ihr wurde speiübel.

»Die Stute wär sowieso irgendwann verreckt.«

»Wie kannst du das sagen.«

»Ach komm, das sind doch nur Tiere. Koteletts wachsen auch nicht auf Bäumen.«

»Blödmann!« Chiara fühlte sich auf einmal ganz schwach.

»Selber!« Boss Rino verdrehte die Augen, sodass man fast nur noch das Weiße darin sehen konnte. Dann breitete er die Arme aus und stürzte auf Chiara zu. Im letzten Moment wich er ihr aus und rannte aus der Schatzkammer. Chiara setzte sich auf die Truhe. Sie musste sofort in die Wildbahn! Die Lust auf Gespensterspielen war ihr vergangen! Sie stand auf, hievte den Deckel der Truhe hoch und durchsuchte sie.

Sie stieß auf eine Teedose, in der sich eine angebrochene Schachtel Zigaretten, ein Feuerzeug, Pfefferminzbonbons und ein paar Fotos befanden, die Boss Rino und seinen Vater zeigten: Auf einem Foto lachte Boss Rino aus vollem Herzen. Er war vielleicht vier Jahre alt und sein Vater hielt ihn stolz auf seinem Arm. Dass sein Vater auf Nimmerwiedersehen verschwunden war, musste ihm sehr wehgetan haben. Vielleicht war er deshalb so fies geworden?

Chiara legte die Sachen zurück. Das Foto mit dem lachenden Boss Rino fiel zu Boden. Sie hob es auf und drehte es um. »Komm zurück, Papa!« stand auf der Rückseite.

Sie steckte das Bild zu den anderen in die Dose zurück und sah, dass in der offenen Zigarettenpackung ein zusammengerollter Geldschein steckte. Sie zog ihn heraus und faltete ihn auseinander: ein Hundert-Euro-Schein. Chiara pfiff durch die Zähne. Woher hatte Boss Rino so viel Geld? Ob ihm sein Vater heimlich etwas schickte? Sie legte den Schein zurück und verstaute das Kästchen wieder in der Truhe. Boss Rino sollte nichts merken.

»Was suchst du da?« Svenja stand in der Tür. Robert dahinter.

»Nichts.« Chiara ließ schnell den Deckel der Truhe fallen und schlüpfte aus ihrem Kostüm. »Tut mir leid, ich kann nicht.« Sie drückte Svenja die Verkleidung in die Hand.

»Was hattet ihr vor?« Robert sah verdattert von Chiara zu Svenja.

»Wir wollten dich nur ein bisschen erschrecken«, erwiderte Chiara. »Was mir da gerade einfällt. Habt ihr das schon von der toten Stute gehört?«

»Nein, was ist denn passiert?«, fragte Svenja.

»Jemand hat sie umgebracht. Mit einem Schuss. Ich glaube, es war die Stute von gestern.«

»Dann ist es ja gut«, sagte Robert.

»Waaas?« Chiara blickte ihren Bruder mit großen Augen an.

»Willst du etwa, dass sie lange leiden muss, bevor sie stirbt?« Roberts Stimme war nur ein Flüstern.

»Nein, aber so was geht doch nicht. Oder, Svenja?«

»Ich … ich finde es auch nicht gut«, stammelte sie.

»Ich muss sofort hin! Kommt ihr mit?« Chiara sah die beiden eindringlich an.

Robert schüttelte den Kopf. »Besser nicht, ich krieg mich doch nur wieder mit Papa in die Haare.«

»Dann machen wir die Schlossführung zu zweit.« Svenja sah Robert auffordernd an.

Als Chiara in der Wildbahn ankam, lag die Stute bereits auf dem Anhänger der Abdeckerei. Chiara war froh darüber, denn den Anblick hätte sie nicht ertragen.

»Wenn ich den Hund kriege!« Walter ballte beide Hände zu Fäusten. In seinem rechten Augenwinkel glitzerte eine Träne. Chiara strich sie ihrem Vater sanft weg.

»Wer macht so was?«, fragte sie.

»Irgendein Spinner. Ein sogenannter Tierschützer.« Walter wischte sich noch einmal über die Augen.

»Oder ein Pferdekiller, der Spaß daran hat«, meinte einer der Fahrer.

»Pferderipper«, korrigierte ihn sein Kollege.

»Aber das ist bei uns bisher noch nie vorgekommen.« Chiara schüttelte ungläubig den Kopf.

»Vielleicht ist er noch nicht so lange in der Gegend«, sagte Walter. »Mir würde da schon jemand einfallen.«

Chiara stutzte, dann riss sie entsetzt die Augen auf. »Du denkst doch nicht etwa an Robert, oder?«

Walter seufzte laut, dann schloss er die Hintertür der Ladefläche und gab dem Mann vorn am Steuer ein Zeichen, loszufahren.

»Das glaube ich nicht!« Chiara kochte vor Wut. »Außerdem hat Robert gar kein Gewehr.«

»Es ist nicht hundertprozentig sicher, dass es ein Jagdgewehr war. Vielleicht eine Pistole? An die kommt man sehr viel leichter heran.«

»Dann könnte auch ich es gewesen sein.« Trotzig stemmte Chiara ihre Hände in die Hüften.

Walter sah seine Tochter lächelnd an, als würde er nicht im Leben damit rechnen, dass sie sich einmal gegen ihn stellen könnte.

»Ich frage ihn, vorher glaube ich gar nichts«, fügte Chiara hinzu.

Dann gingen sie schweigend nebeneinanderher zum Jeep, den ihr Vater auf der Weide neben dem Wald hatte stehen lassen.

Gut, dass sie Dimitri gerettet hatten. Sonst hätte ihn der Pferderipper vielleicht auch umgebracht, schoss es Chiara durch den Kopf.

Walter fuhr mit dem Wagen bis zum Gatter der Wildbahn, durch das die Männer von der Abdeckerei kurz zuvor das Gelände verlassen hatten, stieg aus dem Wagen und öffnete das Schloss.

Als er sich wieder in den Wagen setzte, bemerkte er Chiaras düstere Stimmung und legte seine Hand auf ihr Knie.

»Mach dir nicht so viele Gedanken, wir kriegen den Kerl.«

»Hoffentlich.« Chiara seufzte. »Irgendwie habe ich das Gefühl, dass Boss Rino was damit zu tun hat.«

»Olaf? Nein, das kann ich mir beim besten Willen nicht vorstellen! Ich weiß, du kannst ihn nicht leiden, aber das ist noch lange kein Grund ...«

»... jemand Unschuldigen zu verdächtigen? Das gilt dann aber auch für Robert.«

»Eins zu null für dich.«

Chiara verschränkte die Arme vor der Brust. »Trotzdem ...«

»Ich verstehe ja«, fiel Walter ihr ins Wort, »dass du zu deinem Bruder hältst.«

»Robert kann es nicht gewesen sein. Der wäre sofort in Ohnmacht gefallen.«

»Wie schon gesagt, Olaf traue ich das auch nicht zu.«

»Warum bist du eigentlich zu Boss Rino viel, viel netter als zu Robert?«

»Ich nehme ihn nur ein bisschen an die Hand, du weißt schon ...«

»Weil er keinen Vater hat, ja, schon klar.« Ärgerlich drehte sich Chiara zum Fenster und sagte kein Wort mehr, bis sie zu Hause angekommen waren.

Sie aßen zu dritt zu Abend, Pfannkuchen mit Apfelscheiben. Irene hatte einen Riesenstapel gebraten, da diese auch kalt am nächsten Tag schmeckten. Der vierte Platz war leer.

»Wo ist Robert?«, fragte Chiara.

»Gute Frage!« Walter rollte einen Pfannkuchen zusammen und biss davon ab.

»Ich glaube, er ist mit Svenja unterwegs«, erwiderte Irene.

»Die verrennt sich da in was.« Walter sprach mit vollem Mund.

»Ich würde mich für die beiden freuen«, sagte Irene.

»Ich auch«, pflichtete Chiara ihr bei und biss von ihrem Pfannkuchen ab.

»Er ist ja bald wieder weg«, brummte Walter.

»Freust du dich etwa darüber?« Irene ließ ihr Messer fallen.

»Er will es doch nicht anders.«

»Und du?«

»Er ist erwachsen.«

»Red dich nicht raus!« Chiaras Mutter funkelte ihren Mann böse an.

»Komm, lass uns nicht streiten, hm? Deine Pfannkuchen schmecken köstlich, Irene.«

»Ich muss gleich noch mal weg«, sagte Chiara.

»Wohin denn?«, wollte ihre Mutter wissen.

»Brownie war den ganzen Tag im Stall.«

»Muss das sein? Denk an den Pferderipper!« Walter sah zu Roberts leerem Teller.

»Der tut mir bestimmt nichts.«

»Sicher ist sicher, bis wir den Kerl haben.«

»Wisst ihr denn schon, wer es war?«, fragte Irene.

Chiara und Walter schüttelten gleichzeitig den Kopf.

KAPITEL 10

Jede Menge Verdächtige

Während sich Walter nach dem Abendessen daranmachte, eine Kutsche im Innenhof zu reparieren, schlich Chiara zur Hütte im Wald. Klaus Kemper war bereits da und fütterte Dimitri mit frischem Gras.

»Er hat sich schon etwas an mich gewöhnt.« Der Doktor lächelte. »Und die Wunde ist stark abgeheilt.«

»Danke«, sagte Chiara. Sie betrachtete Dimitri. Hier war er in Sicherheit. Hier konnte der Ripper ihm nichts antun, hoffte sie. Chiara sprach den Tierarzt auf den Vorfall in der Wildbahn an. Doch der hatte noch nichts davon gehört. Das wunderte Chiara, weil er doch so viel rumkam. »Es war vielleicht ein Jagdgewehr, sagt mein Vater.«

»So?« Klaus Kemper hob einen mit Wasser gefüllten Eimer, der für Chiara zu schwer war, über die Absperrung und stellte ihn Dimitri hin. Der hielt sofort seine Schnauze hinein und trank gierig.

»So ein Scheusal«, sagte Chiara.

»Wer, dein Vater?«

»Nein, der Ripper natürlich.«

»Kommt drauf an. So ein Schuss direkt zwischen die Augen kann die schonendste und schnellste Methode sein, ein Tier von seinem Leiden zu erlösen.«

Chiara glaubte nicht, was sie da hörte. Der Doktor rettete ein Fohlen aus der Wildbahn und verteidigte gleichzeitig den Pferderipper? »Wenn Sie so denken, warum haben Sie dann Dimitri am Leben gelassen?«

»Was soll die Frage? Glaubst du etwa, ich bin der Ripper?«

»Nein, aber vielleicht wäre Dimitri ohne Schmerzen ebenfalls besser dran?«

Mit einem Ruck nahm Klaus Kemper Dimitri den Eimer wieder weg. »Er hat genug!«

Chiara kam es vor, als würde er vom Thema ablenken. »Sie wissen mehr, als Sie zugeben, stimmt's«, sagte sie ins Blaue hinein. Der Tierarzt sah sie irritiert an. Die Situation war ihm unangenehm, das konnte Chiara deutlich spüren. »Mein Vater meint, es kann ein Jäger gewesen sein, muss aber nicht.«

»Dann ist es ja gut«, erwiderte Klaus Kemper. Kein Witz, kein lockerer Spruch, nichts. »Jeder Jäger hat ein Gewehr, also jeder dritte Mann in dieser Gegend.«

Chiara glaubte ihm, aber trotzdem verhielt er sich irgendwie merkwürdig. Sie hielt Dimitri ein Büschel Heu hin.

»Ihm geht's schon viel besser, sonst hätte er nicht so einen Appetit.« Doktor Kemper fuhr mit der Hand durch Dimitris Mähne.

Er konnte einfach nicht der Ripper sein. Nachdenklich klemmte sich Chiara eine Haarsträhne hinters Ohr. Nie und nimmer! Wenn er es wäre, würde sie ihn nicht mehr mit Dimitri allein lassen können. Sie wollte ihm vertrauen, und damit basta!

»Ich dachte mir schon, dass du hier bist.«

Chiara drehte sich um. Hendrik stand in der Tür.

»Auf dem Schloss konnte mir niemand sagen, wo du bist.«

»Hast du meinen Vater getroffen?«

»Nein, aber Boss Rino. Er meinte, du würdest dir die Augen aus dem Kopf heulen. Ist was passiert? Ist was mit Dimitri?«

»Du weißt es noch nicht?«, fragte Chiara.

Hendrik schüttelte den Kopf und Chiara wiederholte, was sie dem Doktor bereits erzählt hatte.

»Und ich dachte schon, Dimitri geht es schlechter. Obwohl es mir um die Stute natürlich auch leidtut. Wer macht so was?«

»Das würden wir auch gerne wissen!«, sagten Chiara und Klaus Kemper wie aus einem Mund.

Hendrik hatte eine Tüte mit Karotten dabei und hielt Dimitri eine Mohrrübe hin. Der kleine Schwarze stieß sie ihm jedoch mit der Schnauze aus der Hand. »Hm«, machte Hendrik.

»Er mag so was noch gar nicht. Chiara tippte Hendrik auf die Schulter. »Wo zum Teufel hast du eigentlich gesteckt?«

»Ich hatte Verpflichtungen«, erwiderte Hendrik.

»Das muss verdammt wichtig gewesen.« Chiara stemmte die Hände in die Hüften und sah ihn streng an, auch wenn sie insgeheim froh war, dass er wieder da war. Dann riss sie sich zusammen und hielt Hendrik lächelnd ein Büschel Gras hin. »Hier, versuch es mal damit.«

Dimitri hatte sich jedoch weggedreht und schien seine Ruhe haben zu wollen. Und schließlich machten sie sich gemeinsam mit Doktor Kemper auf den Heimweg und ließen das Fohlen allein im Stall zurück.

»Aufwachen!«

Langsam öffnete Chiara die Augen. Sie hatte sich nach dem Treffen in der Hütte ins Bett gelegt und musste sofort eingeschlafen sein. Walter und Irene schauten sie besorgt an.

»Wo warst du denn nur? Wir haben dich überall gesucht.« Irene drückte Chiara an sich.

»Deine Mutter und ich haben uns solche Sorgen gemacht!«, sagte Walter.

»Wir dachten schon, es ist was mit diesem *Nipper*.«

»*Ripper*, Mama!«

»Du hörst doch sonst auf deinen Vater.«

»Und auf meine Instinkte.«

»Du und deine Instinkte.« Irene schüttelte den Kopf.

»Ich war auf dem Hochsitz«, schwindelte Chiara.

»Gott sei Dank ist dir nichts passiert.« Irene lächelte schon wieder. »Ich musste daran denken, wie Robert als kleiner Junge in der Wildbahn vom Pferd gefallen ist und stundenlang unauffindbar war. Irgendwann kam er dann zum Glück angehumpelt.«

»Robert ist früher geritten?« Chiara war überrascht. Sie dachte immer, ihr Bruder hätte noch nie im Leben auf einem Pferd gesessen.

»Ist lange her«, sagte Walter und gab Chiara einen Kuss auf die Wange, bevor er Irene zur Tür bugsierte und seiner Tochter eine gute Nacht wünschte.

Auch am nächsten Morgen wollte Chiara vor der Schule kurz nach Dimitri sehen. Sie machte sich Sorgen, dass der Pferderipper es auf ihn abgesehen haben könnte.

Nervös blickte sie sich immer wieder um, um sicherzugehen, dass ihr niemand folgte. Sie würde es sich nie verzeihen, wenn sie den Verrückten auf die Spur des Fohlens bringen würde.

Gerade als sie auf den kleinen Pfad einbiegen wollte, der zur Hütte führte, prallte sie mit etwas Schwerem zusammen. Erschrocken riss sie die Augen auf. »Boss Rino, was hast du hier zu suchen!«, rief sie. Dann wurde ihr ganz anders zumute. Hoffentlich hatte ihr Erzfeind nicht Dimitri entdeckt.

»Was hast du angestellt?«, fragte Boss Rino misstrauisch, dem Chiaras Nervosität nicht entgangen war.

»Nichts.« Chiara befreite sich aus seiner Umklammerung. Ihr Blick fiel auf eine Sportuhr, die er an seinem linken Handgelenk trug. Sie stutzte. Wo hatte er die denn her?

»Hier geht's aber nicht zur Schule.« Boss Rino hatte die Hände vorne in den Hosenbund gesteckt.

»Und du, was machst du hier?«

»Nichts.« Er grinste. »Genauso wie du.«

»Wo hast du die her?« Chiara deutete auf die Uhr. Boss Rino zog seine linke Hand aus der Hose und ließ sie hinter dem Rücken verschwinden. »Ich weiß nicht, was du meinst.«

»Und warum versteckst du die Uhr dann vor mir?«

»Hat mir jemand geschenkt.«

»Wer denn?«

»Geht dich nix an!«

»Deine Mutter war es bestimmt nicht.« Oder hatte er sie doch weichgeklopft? Sehr Unwahrscheinlich, dachte Chiara. Wenn Frau Bettinger einmal Nein gesagt hatte, dann blieb sie auch dabei.

»Ja und?« Boss Rino sah Chiara durchdringend an. »Hast du eigentlich keine Angst, so ganz allein?«

»Nee, wovor?«, fragte Chiara.

»Ich meine wegen des Pferdekillers.«

»Ach so.«

»Wieso, was gibt's sonst noch?«

Manchmal war Boss Rino doch nicht auf den Kopf gefallen.

»Nichts.«

»Und der Pferdekiller lässt dich total kalt?«

»Quatsch, aber ich habe keine Angst vor ihm. Mir tut er nichts. Bin ja kein Pferd.«

»Bist du dir da ganz sicher?« Boss Rino setzte wieder ein breites Grinsen auf. Bestimmt wünschte er Chiara, dass ihr der Ripper wenigstens einen ordentlichen Schrecken einjagen würde.

»Ha, ha, was weißt du schon!«, erwiderte Chiara.

»Mehr, als du glaubst, und mehr, als dir lieb ist.«

»So, was denn?«, fragte Chiara mit hochgezogenen Augenbrauen.

»Was gibst du mir dafür?« Boss Rino formte seine Lippen zu einem Kussmund.

Angewidert schüttelte sich Chiara. Niemals würde sie diesen Mistkerl küssen, lieber würde sie sterben. »Wenn du es mir nicht freiwillig sagst, spreche ich eben mit meinem Vater.« Chiara hoffte, dass die Einschüchterung funktionierte.

»Was willst du ihm sagen?«

»Dass du dich verdächtig gemacht hast.«

»Was du mir so alles zutraust.«

»Also gibst du es zu, du und der Pferderipper...«

Boss Rino lachte laut auf, drehte Chiara den Rücken zu und lief, ohne noch etwas zu sagen, weiter.

Erleichtert atmete Chiara auf, dann schaute sie auf die Uhr. Sie musste sich beeilen. Sie rannte los und warf alle Vorsichtsmaßnahmen über Bord. Doch wie aus dem Nichts tauchten plötzlich zwei Waldarbeiter vor ihr auf. Zum Glück hatten sie sie nicht bemerkt. Leise fluchend versteckte sich Chiara im nächsten Gebüsch. Es sah nicht so aus, als würden die beiden Männer schnell wieder verschwinden. Die Gefahr, von den beiden entdeckt zu werden, war zu groß. Chiara beschloss daher, nach der Schule zu Dimitri zu gehen.

Boss Rino lehnte lässig am Eingang zur Schule und zeigte demonstrativ auf die Pausenuhr.

Chiara schoss an ihm vorbei auf den Schulhof. Ihr Rad warf sie einfach gegen die anderen Fahrräder im Ständer. Sie hatte keine Zeit, es ordentlich abzustellen, geschweige denn es abzuschließen. Natürlich konnte Boss Rino alles Mögliche damit anstellen. Sollte er doch! Sie hatte keine Angst vor ihm! Brauchte er sich gar nicht erst einzubilden!

»Ich hab eben einen lahmen Klepper in der Wildbahn gesehen«, plusterte sich Boss Rino auf. »Der Pferderipper schlägt bestimmt bald wieder zu.«

»Schon klar.« Chiara ging entschlossen an ihm vorbei.

Doch Boss Rino packte sie und hielt sie an ihrem Rucksack fest. Chiara trat heftig nach hinten aus, Brownie hätte es nicht besser machen können. Boss Rino stöhnte gequält auf und ließ sie los.

Chiara stolzierte schnurstracks in Richtung Eingangstür.

»Das wird dir noch leidtun!«, stöhnte Boss Rino.

»Willst du mir drohen, Ripper?« Chiara betrat, ohne sich noch einmal umzudrehen, die Schule. Sie beschloss der Sache mit dem lahmenden Pferd später nachzugehen. Nachdem sie Dimitri besucht hatte. Mal sehen, ob Boss Rino die Wahrheit gesagt hatte.

KAPITEL 11

Eine Falle für den Ripper

Als Chiara nach der Schule zu Dimitri kam, war Hendrik schon da. Er war so sehr mit dem Hengstfohlen beschäftigt, dass er ihr Kommen gar nicht bemerkte. Dimitri schnaubte zufrieden.

Chiara war stolz auf Hendrik. »Hallo! Schon da?«

Erschrocken drehte er sich zu ihr um. »Ach, du bist es.« Er lächelte ihr zu. »Dimitri war ganz zutraulich.«

»Ich hab's gesehen! Weißt du schon das Neueste?«

Das wusste Hendrik natürlich nicht. Chiara erzählte ihm von Boss Rinos Beobachtung und sie beschlossen gemeinsam nach dem kranken Pferd zu suchen, sobald sie Dimitri mit Heu und etwas Gras versorgt hatten.

Die ganze Herde hatte sich am zentralen Wasserloch eingefunden. Zwei Stuten schlugen mit den Vorderhufen ins Wasser, um mögliche Feinde zu verjagen. Ein übrig gebliebener Instinkt aus uralten Zeiten. Eine Stute blieb am Ufer stehen und trank. Die andere suhlte sich im Schlamm. Sie nahm ein Anti-Parasiten-Bad. Die Fohlen sprangen kreuz und quer durcheinander. Die anderen Pferde standen auf der Weide und warteten, bis sie an der Reihe waren.

Unruhe kam auf, als der Deckhengst auftauchte und Djana ins Visier nahm. Andere Stuten reagierten eifersüchtig und stellten sich ihm in den Weg. Eine biss er brutal weg. Sie blutete. Die Pferde stoben auseinander, aber eins kam nicht mit. Tatsächlich, Boss Rino hatte nicht gelogen. Das lahmende Pferd hielt sich etwas abseits, ging nicht zum Schlammloch. Vielleicht war es auch einer Bissattacke des Hengstes zum Opfer gefallen oder hatte sich beim Überqueren eines Grabens das Bein verstaucht. Es würde sich nicht allzu weit von der Wasserstelle entfernen, sondern es höchstens bis zur nächsten Baumgruppe schaffen.

Als sich alle Pferde wieder in die Grün- und Waldflächen zurückgezogen hatten, folgten Chiara und Hendrik ihnen. Mitten in die Herde zu platzen, wenn sie zum Wasserloch kam, war nicht nur für die Touristen verboten, sondern auch für die Mitarbeiter der Wildbahn und deren Angehörige. Die Tiere würden in Panik geraten und wild auseinanderpreschen. Das war gefährlich für Mensch und Tier.

Das Pferd hatte sich unter einen Baum gestellt und das verletzte Bein angewinkelt. Mit dem oberen Teil des Hufs stützte es sich ab. Wahrscheinlich, um das Bein zu schonen. Von außen sah man nichts, kein Blut, keine Bisswunde. Vielleicht doch eine Stauchung?

»Was sollen wir machen?«, flüsterte Hendrik. »Wir können es nicht die ganze Zeit bewachen und, wenn der Pferderipper kommt, laut Hilfe rufen! Dann verpasst der uns auch noch was!«

Chiara überlegte fieberhaft und plötzlich hatte sie eine Idee. »Ich weiß, wie wir dem Kerl eine Falle stellen können. Wir erzählen überall herum, dass sich hier ein krankes Pferd befindet. Und dann legen wir uns heute Nacht auf die Lauer.«

»Und dann bringt er das Pferd um und wir haben es ihm auch noch auf dem Silbertablett präsentiert?«

»Ich glaube nicht. Guck mal!« Chiara deutete zu dem Pferd, das sich entschlossen hatte, seinen Artgenossen zur nächsten Weide zu folgen. »Es will sich bei den anderen ausruhen.« Hendrik sah Chiara skeptisch an. »Und dann?«, fragte er.

»Haben wir ihn!«

»Aber wie denn?«

»Wir wissen dann, wer er ist. Den Rest überlassen wir meinem Vater.«

»Oder meinem.«

»Oder beiden.« Chiara fand ihren Einfall toll.

»Und wenn er uns als einzige Zeugen nicht davonkommen lässt?«

»Er darf natürlich nicht mitkriegen, dass wir da sind.«

»Ach so.« Hendrik schien erleichtert. »Aber ob man uns glaubt?«

»Mir bestimmt und dir sowieso.«

Hendrik kratzte sich nachdenklich am Kopf. »Und wenn es dein Bruder ist?«

»Wer sagt das?«, fragte Chiara empört.

»Habe ich gehört«, erwiderte Hendrik.

»Robert war es nicht.«

»Aber er hat Mitleid mit den Pferden. Ich übrigens auch. Ich möchte gar nicht wissen, wie viel Schmerzen das lahmende Pferd jetzt beim Gehen hat.«

»Wenn wir jeden verdächtigen, der Mitleid mit den Pferden hat, kommen wir nicht weiter. Dann kämst ja sogar du als Täter infrage.«

»Ich doch nicht.«

»Eben! Und mein Bruder auch nicht.«

Den Rest des Nachmittags verbreiteten Hendrik und Chiara im Dorf, dass ein krankes Pferd in der Baumgruppe nahe der zentralen Wasserstelle lag.

Im Café neben der Kirche trafen sie auf Boss Rino, der Marlene vollquatschte, die dort aushalf. Sie spülte Gläser und Geschirr, um ihr Taschengeld aufzubessern.

Hendrik und Chiara hatten sich an die Theke gesetzt und Zitronenlimo bestellt. Das Café war neben der Kneipe und der Bäckerei der beste Umschlagplatz für Gerüchte. Tagsüber war es *der* Treffpunkt. Chiara beugte sich über die Theke zu Marlene. Im Flüsterton vertraute sie ihr die Neuigkeit an. Dabei legte sie verschwörerisch einen Finger auf die Lippen. Top secret!

»Also hast du mir doch geglaubt«, platzte Boss Rino dazwischen.

»Was geglaubt«, ertönte auf einmal die Stimme von Doktor Kemper hinter ihnen. Sie hatten nicht bemerkt, dass er das Café betreten hatte.

»Ein krankes Pferd in der Wildbahn. Das bedeutet wieder Arbeit für den Ripper«, sagte Boss Rino.

Doktor Kemper pfiff durch die Zähne und bestellte eine Tasse Kaffee.

»Es liegt verletzt in dem kleinen Wald an der Wasserstelle«, sagte Chiara.

»Hast du es da gesehen?«, hakte Doktor Kemper nach.

Chiara nickte.

»Und warum erzählst ausgerechnet du das herum? Bist du bescheuert?«, fragte Boss Rino sie unvermittelt.

Hendrik baute sich vor Chiaras Erzfeind auf. »Sie hat es nicht herumerzählt, sondern nur ihrer Freundin Marlene anvertraut.«

»Chiara hat keine Freunde«, entgegnete Boss Rino. »Die kennt nur ihre Gäule.«

Klaus Kemper hatte es auf einmal eilig und trank den Rest seines Kaffees aus. »Ich muss los!« Mit diesen Worten verschwand er.

Boss Rino schien plötzlich auch dringend irgendwohin zu müssen.

»Und wo musst du auf einmal hin?« Chiara stellte sich ihm in den Weg.

»Was wird das, ein Verhör?«, blaffte Boss Rino und ging an Chiara vorbei nach draußen.

»Kennst mich doch, bin neugierig«, rief Chiara ihm hinterher. Boss Rino sollte ja nicht merken, dass sie etwas im Schilde führte. Sie trank ihre Limo aus und ging zur Toilette, während Hendrik bezahlte.

Vor dem Damen-WC war eine kleine Schlange. Drei Frauen und nur eine Kabine. Chiara wurde ungeduldig. Vorsichtig warf sie einen Blick in die Männertoilette. Da der Raum leer war, schlüpfte sie ganz schnell in eine der zwei Kabinen. Die Männer hatten doppelt so viele Kabinen wie die Frauen, obwohl mehr Frauen als Männer ins Café gingen. Echte Fehlplanung!

Chiara schloss von innen ab und traute ihren Ohren nicht. Klaus Kemper schien nebenan mit seinem Handy zu telefonieren. Zwar leise, aber dennoch laut genug, dass Chiara mitbekam, worum es ging. Sie lauschte angestrengt.

»Wenn ich's doch sage. In dem kleinen Wald am Wasserloch. Chiara hat es erzählt.«

Noch wusste Chiara nicht, mit wem der Tierarzt redete. Aber es ging um das lahmende Pferd. So viel war klar.

»Ich? Ich hab dir schon mal gesagt ...« Er wurde offenbar unterbrochen. »Tu, was du nicht lassen kannst! Aber pass auf! Walter hat seine Augen und Ohren überall. Und halt mich da raus! Von mir weißt du nichts!«

Das war ja unglaublich! Sprach Doktor Kemper etwa mit dem Pferdekiller?

Die Wasserspülung wurde betätigt und Chiara konnte den Rest des Gesprächs nicht mithören. Als der Doktor die Tür aufschloss, sich die Hände wusch und das WC verließ, telefonierte er nicht mehr.

Chiara blieb noch einen Moment in der Kabine. Das durfte nicht wahr sein! Also doch Klaus Kemper? Warum hatte er dann Dimitri nicht an den Ripper verraten?

Ganz in Gedanken versunken öffnete sie die Tür. Sie erschrak fürchterlich, denn sie hatte nicht gehört, dass der Tierarzt noch mal zurückgekommen war, um sich die Haare zu kämmen.

Er erblickte sie im Spiegel und riss überrascht die Augen auf.

»Was machst du denn hier?« Er drehte sich zu ihr um.

»Das Frauenklo war besetzt.«

»Wie lange bist du schon da?«

»Gerade erst gekommen«, schwindelte Chiara.

»Komisch, ich hab dich gar nicht an mir vorbeigehen sehen.«

Doktor Kemper schaute sie eindringlich an. Ohne sie aus den Augen zu lassen, trocknete er sich die Hände ab.

»Ist das ein Problem?« Chiara stellte sich doof.

»Sag du es mir!«

»Ich weiß nicht, was Sie meinen.« Chiara wollte das Männerklo verlassen, doch Klaus Kemper hielt sie sanft am Arm fest.

»Du hast nicht gehört, dass ich telefoniert habe?«

»Nee, wieso? War's wichtig?« Chiara setzte eine Unschuldsmiene auf.

Der Tierarzt entschuldigte sich und ließ sie los. Chiara verließ sofort die Herrentoilette und kam ganz durcheinander bei Hendrik an. Sie bugsierte ihn nach draußen, wo sie ihm schnell alles erzählte.

»Wir sollten trotzdem heute Abend hingehen und sehen, was passiert«, sagte er.

»Und wenn es doch mein Bruder ist?« Hatte Klaus Kemper mit ihm telefoniert? Hatte Robert von ihm das Jagdgewehr bekommen?

»Abwarten«, sagte Hendrik. »Wer weiß.«

»Es könnte auch sein, dass der Ripper gar nicht dort auftaucht, weil zu viele von dem Pferd wissen? Weil es ihm zu gefährlich ist? Der Doc hat ihn gewarnt.«

»Wer die Pferde erlöst, weil er sie liebt, wird heute Abend da sein. Ein richtiger Pferderipper würde wegbleiben, weil er ein Verbrecher ist.«

»Mein Bruder ist kein Verbrecher! Und der Doc auch nicht!«

»Sag ich doch!«

»Klaus Kemper war es auf keinen Fall, aber ... Robert? Er bezahlt vielleicht jemanden dafür.« Boss Rinos Hundert-Euro-Schein und die neue Sportuhr fielen Chiara wieder ein. Hatte ihr Erzfeind vielleicht doch seine Finger mit im Spiel?

Sie verabredeten sich erst zu treffen, wenn es schon dunkel war, damit niemand sie sehen konnte, schon gar nicht der Pferderipper.

Zurück zu Hause, schlich Chiara sofort zur Schatztruhe. Der Hundert-Euro-Schein war weg. War er für die Uhr draufgegangen? Viele Fragen schwirrten ihr im Kopf herum. Wurde Zeit für ein paar Antworten!

Brownie würde ihr jetzt guttun.

Sie ritt mit ihm zur Wildbahn. Endlich mal wieder. Es war richtig Leben in der Herde. Kleine Hengste balgten sich und liefen um die Wette. Das war gut für die Motorik und die Knochen. Schlecht daran war, dass sie sich nicht so viel Fett für den Winter anfraßen. Deshalb überlebten weniger Hengst- als Stutenfohlen einen strengen, nassen Winter. Ein paar Stuten kabbelten sich um den Hengst und verpassten sich gegenseitig Tritte und Bisse.

Das zu sehen verbesserte nicht gerade Chiaras Stimmung. Sie tätschelte Brownie liebevoll den Hals. »Bist doch froh, von denen weg zu sei, oder?«

Brownie schüttelte den Kopf.

»Stimmt. Seine Familie kann man sich nicht aussuchen. Man liebt sie ja trotz der Probleme.«

Brownie schüttelte wieder den Kopf.

»Nicht? Meinst du, ich sollte Robert direkt ansprechen?«

Erneut heftiges Kopfschütteln. Chiara seufzte und unternahm einen letzten Versuch. »Ich soll also nicht mit Robert reden?«

Brownie nickte. Da hätte Chiara genauso gut zu einer Wahrsagerin gehen können.

Chiara brachte Brownie in den Stall zurück und traf auf Robert, der die Pferde fütterte.

»Was ... was machst du denn hier?«, fragte sie verwundert.

»Du siehst mich an, als wäre ich ein Einbrecher.«

»Nein, nein, ich ... ich bin nur so überrascht. Du hast ja gar keine Handschuhe an«, stichelte Chiara. »Ich meine wegen der Bakterien.«

»Ha, ha! Schon mal was von Händewaschen gehört?« Robert war schon mal lockerer drauf gewesen. »Hilfst du mir? Papa hat mich darum gebeten. Ich weiß nicht mehr, wo alles steht.«

Walter leitete eine Versammlung mit den künftigen Pferdefängern für die traditionelle Veranstaltung in der Arena.

»Hast du auch von dem verletzten Pferd in der Wildbahn gehört?«, wollte Robert wissen.

Chiara fand, dass die Frage ihres Bruders irgendwie komisch klang. »Ja, wieso? Was ist damit?«

»Warum hast du mir nichts gesagt, du hast es doch überall herumerzählt?«

»Vergessen«, sagte Chiara knapp.

»Glaubst du, der Pferderipper bringt es ebenfalls um?«, fragte Robert.

»Keine Ahnung, er weiß vermutlich nichts.« Chiara zuckte mit den Schultern.

»Das halbe Dorf hat davon erfahren.«

»Sagt wer?«

»Wenn sogar ich Bescheid weiß«, erwiderte Robert und musterte Chiara misstrauisch. Am liebsten hätte sie ihm die Wahrheit gesagt und aufgehört mit dem Katz- und Maus-Spiel. Er war doch ihr Bruder, nicht ihr Feind. Aber es war zu spät. Sie wollte den Plan nicht gefährden, und hoffte immer noch, dass Robert doch nichts mit der ganzen Sache zu tun hatte.

Energisch schnitt Robert einen Heuballen auf. Dann sah er auf die Uhr.

»Musst du irgendwohin?«, fragte Chiara.

»Ja, aber das geht dich gar nichts an«, antwortete er und knuffte Chiara in die Seite.

»Warum trägst du die Jungfrau nicht mehr um den Hals?«

»Hab ich verschenkt. Und frag jetzt bloß nicht, an wen.«

»Interessiert mich sowieso nicht.«

»Hey, bin ich nicht mehr dein Lieblingsbruder?«, fragte er lächelnd.

»Doch«, sagte Chiara. »Ich hab ja nur einen.«

Robert packte sie und hob sie hoch. »So, und was sagst du jetzt?«

Chiara musste lachen. »Lass mich wieder runter!«

»Jawohl, Prinzessin!«

Als Chiara mit beiden Füßen auf dem Boden stand, kam Svenja herein. »Ich dachte mir schon, dass ich dich hier finde.« Sie lachte Robert an.

Er lächelte zurück. Für Chiara gab es keinen Zweifel mehr: Die beiden waren ineinander verknallt.

»Ich schule gerade auf Pferdewirt um!« Robert stellte Brownie einen Eimer Hafer hin. »Hast du von dem verletzten Pferd in der Wildbahn gehört?«

»Nein.« Svenjas Miene verdunkelte sich. »Das arme Tier! Ist es sehr schlimm?«

»Chiara weiß mehr.« Robert zeigte auf seine Schwester.

»Heute Nachmittag lag es in der kleinen Baumgruppe in der Nähe der Wasserstelle«, sagte Chiara.

»Weiß dein Vater schon Bescheid?«, fragte Svenja.

»Damit er gleich den Abdecker holt? Ich sag es ihm nicht!« Chiara klang sehr entschlossen. Vielleicht würde sie morgen mit ihm darüber sprechen, aber den heutigen Abend wollte sie auf jeden Fall noch abwarten. Sie sah auf die Uhr. In gut einer Stunde war sie mit Hendrik verabredet.

»Gut so, Schwesterherz.« Robert tätschelte Chiaras Schulter. »Ein Fahrer der Abdeckerei lädt ein Tier manchmal auch dann auf den Lkw, wenn es noch nicht tot ist. Habe ich aus zuverlässiger Quelle erfahren. Papa weiß nichts davon. Der Graf auch nicht.«

»Unsinn!«, rief Chiara. »Hast du's gesehen?«

»Ich nicht, aber Doktor Kemper. Der kennt jemanden, der jemanden kennt, der's gesehen hat.«

Also doch, die beiden hatten was miteinander zu schaffen!

»Ich glaub's trotzdem nicht. Ist bestimmt nur ein blödes Gerücht!«, erwiderte Chiara.

»Die Leute vom Schlachthof sind nicht gerade zimperlich. Als hätten Tiere keine Schmerzen«, fügte Svenja hinzu.

»Dürfen die so was laut Tierschutzgesetz?«, fragte Robert.

»Nein, aber wen interessiert das? Sonst gäbe es keine Legebatterien für Hühner oder große Putenmastställe. Jeder Mensch müsste mal selbst Tier gewesen sein, dann würde er achtsamer mit ihnen umgehen.« Svenja seufzte.

Robert lächelte sie schon wieder an. Aber diesmal anders, irgendwie tiefer, inniger, als würde ihm gefallen, was sie gesagt hatte. Walter kam zur Tür herein. Robert erschrak. Er konnte es nicht verbergen, auch vor Svenja nicht. Und es schien ihm etwas peinlich zu sein. »Du bist schon zurück?«

»Wir waren schneller fertig als gedacht.«

Walter ließ möglichst unauffällig seinen Blick durch den Stall schweifen, als wollte er sich vergewissern, dass Robert alles richtig gemacht hatte.

»Wir haben beim Füttern geholfen«, log Chiara mit Blick auf Svenja. Die begriff und nickte schnell. Robert seufzte. Ihm war diese Art von Hilfe offenbar nicht angenehm.

»Ich habe auf der Versammlung gehört, dass du ein verletztes Pferd in der Wildbahn gesehen hast?«, sagte Walter an Chiara gewandt. »Warum weiß ich nichts davon?«

Chiara senkte den Kopf. Mist! Es war ein Fehler gewesen, das Gerücht so breit zu streuen.

»Lass doch Chiara in Ruhe!«, mischte sich Robert ein.

»Du hältst dich da raus?«, sagte Walter mit einem drohenden Unterton in der Stimme.

»Herr Sommer«, setzte Svenja an.

»Lass gut sein«, unterbrach Robert sie.

Svenja nahm Chiara an die Hand. »Komm, wir gehen besser. Wie wäre es mit einem Bad im Schlossgraben und danach mit einer großen Tasse Tee?«

»Sonst immer gern, aber heute hab ich schon was vor!«, erwiderte Chiara und verließ mit Svenja den Stall.

»Ich auch, aber bis dahin ist noch ein bisschen Zeit.«

»Was denn?«, fragte Chiara neugierig.

»Ich gehe aus.«

»Mit Robert?«

»Nein.« Svenja winkte ab und Chiara fragte nicht weiter nach. Auf einen Muckefuck blieb sie dann doch noch. Svenja nahm die Sporttasche vom Sofa und setzte sich mit ihrer Tasse in der Hand darauf. Chiara machte es sich in der Hängematte bequem und versuchte herauszufinden, ob Svenja Roberts Anhänger trug.

»Ist was? Du guckst so?« Svenja sah an sich herunter.

»Was soll denn sein?« Chiara grinste. »Ich muss jetzt los.« Mit einem Satz sprang sie hoch. Da sie zu viel Schwung hatte, kam sie ins Straucheln und stolperte über die Sporttasche auf dem Boden. Svenja war sofort auf den Beinen und zog die Tasche weg.

»Hab ich was kaputt gemacht? Ist da was Zerbrechliches drin?«, fragte Chiara.

»Nein, äh ja ... nur mein Walkman für's Laufband.«

»Lass uns schnell nachgucken, ob er okay ist.« Chiara wollte nach der Tasche greifen, um den Reißverschluss zu öffnen. Doch Svenja stellte sie schnell aufs Sofa zurück. »Er ist bestimmt in Ordnung. Wir hätten es sonst knacken gehört.«

Als Svenja sich vorbeugte, sah Chiara die kleine Jungfrau an ihrem Hals baumeln.

»Ist die Kette von Robert?«

Svenja nickte. »Es ist Roberts Lieblingsanhänger. Ich bin auch Jungfrau.« Sie holte das silberne Sternzeichen hervor.

»Bist du verliebt in Robert?«

»Er ist ganz nett.«

»Aha«, sagte Chiara und schmunzelte in sich hinein.

KAPITEL 12

Stockfinstere Nacht

Als Chiara das Apartment verließ, sah sie zum Himmel. Er war wolkenverhangen. Sie ging auf ihr Zimmer, holte ihre Regenjacke und eine Taschenlampe. Anschließend sagte sie ihren Eltern Bescheid, dass es später werden könnte. Am Ende kämen sie sonst wieder auf die Idee, eine nächtliche Suchaktion in der Wildbahn zu starten und dann würde ihr Plan nicht aufgehen. Chiara tat so, als hätte sie sich wieder etwas mit Marlene angefreundet. Dass sie mal nicht mit einem Pferd »verabredet« war, schien ihre Eltern zu beruhigen.

Wenig später ging Chiara über die Schlossbrücke. Sie sah Svenja in einer weiten Jeans und einem langen Hemd in den Stall gehen, die Sporttasche über der Schulter. Nach einer Verabredung sah das nicht aus. Vielleicht traf sie ja doch Robert. Chiara wünschte sich, dass es so war, denn das wäre der beste Beweis dafür, dass ihr Bruder nicht der Pferderipper war.

Hendrik war noch nicht da, als Chiara den verabredeten Treffpunkt erreichte. Sie suchte Schutz hinter einem Stapel Heuballen und hoffte, dass Hendrik nichts dazwischengekommen war. Sie konnte sich aber nicht vorstellen, dass er sie im Stich lassen würde. Sie blickte zu der Baumgruppe am Wasserloch hinüber, konnte in der Dämmerung jedoch nichts Auffälliges entdecken. Keine vermummte Gestalt, die mit einem Gewehr bewaffnet durch die Gegend lief. Das wäre ja auch zu einfach gewesen. Langsam wurde es dunkel und von Hendrik fehlte noch immer jede Spur. Chiara wünschte sich zum ersten Mal, ein Handy zu besitzen, dann könnte sie ihn anrufen.

Sie spähte in die Richtung, aus der Hendrik kommen musste. Fehlanzeige! Sollte sie notfalls allein gehen? Ihre Knie wurden weich. Wenn sie zu lange wartete, verpasste sie vielleicht den Ripper. Sie zählte bis hundert. Wenn Hendrik dann nicht da war... Chiara ließ ihren Blick über die Weide schweifen, doch leider war es schon so dunkel, dass sie nicht mehr viel erkennen konnte.

Sie rang sich dazu durch, ohne ihn loszulaufen. Als sie den kleinen Wald erreichte, wagte sie nicht zu atmen. Gebückt schlich sie vorwärts, sie konnte kaum die Hand vor Augen sehen und trat auf einen Zweig, der verdächtig laut knackte. Sofort hielt sie inne. Doch zum Glück rührte sich nichts. Sie beschloss nicht weiterzugehen, da die Baumgruppe direkt vor ihr lag. Sie würde den Ripper auf jeden Fall sehen.

Plötzlich knirschte es im Unterholz. Chiara erschrak und duckte sich. War der Ripper in der Nähe? Sie hörte schmat-

136

zende Schritte, die langsam näher kamen. Jemand lief über den feucht-schlammigen Waldboden.

Chiaras Herz klopfte bis zum Hals. Mit den Augen suchte sie den Boden nach einem Gegenstand ab, mit dem sie sich gegebenenfalls verteidigen könnte. Sie entdeckte einen stabilen Ast. Gerade als sie ihn aufheben wollte, hatte sie das Gefühl, der Ripper würde direkt neben ihr stehen. Ihre Hand blieb ausgestreckt in der Luft, sie wagte es nicht, sie auch nur einen Millimeter zu bewegen. Dann wurde ihre Aufmerksamkeit von dem Lichtkegel einer Taschenlampe abgelenkt, der aus einer ganz anderen Ecke des Waldes kam. Chiara drehte instinktiv den Kopf in diese Richtung und stieß gegen einen Baumstamm. »Mist!«, fluchte sie leise. Der Gedanke daran, dass es sich um zwei Pferderipper handeln könnte, ließ sie erschaudern.

»Chiara?«, flüsterte jemand.

Hendrik!, dachte Chiara erleichtert und griff nach seiner Hand. Er hockte sich neben sie und bemerkte ebenfalls den Lichtschein, der auf sie zu kam.

Leider konnten sie das Gesicht des Unbekannten nicht sehen, solange die Taschenlampe auf den Boden gerichtet war. Die Gestalt blieb plötzlich stehen und drehte ihnen den Rücken zu.

Chiara stieß Hendrik auffordernd an, ohne etwas zu sagen. Er begriff sofort und folgte ihr. Unter ihren Schuhen knirschte und knackte es so laut, dass sie befürchteten die unheimliche Person könnte auf sie aufmerksam werden.

Dann ging das Licht plötzlich aus. Was sollte das nun wieder? Chiara und Hendrik blieben wie angewurzelt stehen. Schritte kamen näher. Und plötzlich ging die Taschenlampe wieder an, nur wenige Meter vor ihnen. Der Lichtkegel glitt über den Waldboden. Wie durch ein Wunder wechselte er, kurz bevor er Chiara und Hendrik erreichte, seine Richtung. Ein Uhu schickte sein unheimliches Rufen durch den Wald, was auch den Ripper aus der Fassung zu bringen schien. Er leuchtete mit der Taschenlampe einen Baum hoch, wobei der Lichtstrahl kurz sein Gesicht streifte. Leider zu kurz. Als fühlte sich der Ripper ertappt, schaltete er die Lampe aus und rannte davon.

Chiara atmete erleichtert aus. Die Gefahr war vorüber.

»Und jetzt?«, fragte sie leise.

»Hast du ihn erkannt?«, wollte Hendrik wissen.

»Nein.« Chiara seufzte.

Auf dem Rückweg liefen sie schweigend nebeneinanderher. Plötzlich streifte Hendriks Arm Chiaras Hand und ihr Herz fing so laut an zu klopfen, dass sie Angst hatte, Hendrik könnte es hören.

»Ich bringe dich nach Hause«, sagte dieser in die Stille hinein und Chiara atmete erleichtert auf. Sie bestand jedoch darauf, dass sie ihn begleitete, weil sie sich besser auskannte und den Weg auch im Dunkeln leichter finden würde als er.

»Dann sollten wir uns wenigstens in der Mitte trennen«, meinte Hendrik. »Sonst ist der Weg ja noch weiter für dich.«

»Ich habe keine Angst«, sagte Chiara.

»Solltest du aber. Das ist manchmal gar nicht so schlecht!«

»Aber meistens passiert sowieso nicht das, wovor man sich fürchtet«, erwiderte Chiara.

»Hattest du eben im Wald keine Angst?«

»Doch«, gab sie zu. »Ohne dich wäre es aber noch schlimmer gewesen.«

Hendrik lächelte sie schüchtern an und Chiara wurde rot.

»Was ... was ist ... eigentlich dein Sternzeichen?«, stammelte sie verlegen.

»Krebs. Immer zwei Schritte vor und einen zurück. Und viel grübeln.«

»Macht unterm Strich einen Schritt nach vorn.«

»In einem halben Jahr?«, fragte Hendrik.

»Kommt auf dein Tempo an«, entgegnete Chiara.

Hendrik berührte mit dem Zeigefinger ihr Armband. »Ist das dein Talisman?«

Chiara nickte. »Von meinem Papa.«

»Mein Vater hat mir diese Uhr geschenkt.« Hendrik streckte seine linke Hand nach vorne.

Eine Weile standen sie schweigend nebeneinander, dann schlug Chiara vor, noch nach Dimitri zu sehen.

KAPITEL 13

Fohlen mit Bauchschmerzen

Auch das noch! Dimitri stand nicht, sondern lag. Ein schlechtes Zeichen! Er hatte die Augen aufgerissen und atmete stoßweise. Chiara sah sofort den Grund: Neben ihm lag ein Haufen feuchtes Gras. Davon konnte sich der Darm verschlingen, was lebensbedrohlich war. Welcher Vollidiot hat ihm das zu fressen gegeben?, fragte sie sich wütend. Doktor Kemper bestimmt nicht.

»Was ist mit ihm?«, wollte Hendrik wissen.

»Wahrscheinlich eine Kolik«, erwiderte Chiara niedergeschlagen. »Das ist sehr gefährlich.«

»Oh.«

»Wer macht bloß so was? Zu viel nasses Gras ist Gift für Pferde.« Verzweifelt schlug sich Chiara die Hände vors Gesicht.

»Vielleicht hat es Doktor Kemper nicht mit Absicht getan?«

»Das war nicht der Doc!« Wie in einer Blitzaufnahme sah sie Boss Rino morgens aus Richtung der Jagdhütte kommen. Hatte er doch ihr Versteck entdeckt? »Kann es sein, dass Boss Rino dir heimlich hierher gefolgt ist, als du ihn gestern nach mir gefragt hast?« Chiara sah Hendrik an.

»Ich weiß nicht, ich habe nicht darauf geachtet.«

Chiara seufzte. Es fiel ihr schwer, ihren Ärger zu verbergen.

Hendrik fasste sich an den Kopf. »Wenn Boss Rino das Versteck des Fohlens kennt und wenn er tatsächlich mit dem Pferderipper unter einer Decke steckt ...«

Chiaras Augen weiteten sich vor Schreck. Sie blickte zu Dimitri. Sie mussten sofort Hilfe holen.

»Wir rufen Doktor Kemper an!«, schlug Hendrik vor.

Chiara zögerte. »Aber wenn er... wie Boss Rino mit dem Ripper...«

»Das kann ich mir nicht vorstellen«, fiel Hendrik Chiara ins Wort und griff sich an die Brusttasche. »Das kann doch nicht wahr sein.« Hendrik trat Schweiß auf die Stirn. »Ich habe mein Handy nicht dabei.«

Chiara stöhnte auf.

»Entschuldige!« Hendrik war puterrot angelaufen.

»Ich laufe los!«, rief Chiara aufgeregt und sprintete schon zur Tür.

Doch Hendrik bestand darauf, dass sie bei Dimitri blieb und er sich auf den Weg zu Klaus Kemper machte. Ihm war nicht wohl bei dem Gedanken, dass Chiara nachts allein unterwegs war.

»Na gut, dann geh du und ich bleibe hier«, sagte Chiara.

»Ich beeile mich! Ich versuche irgendwie unseren Chauffeur zu erreichen. Der fährt mich.«

Chiara wusste zwar nicht, wie er das »irgendwie« anstellen wollte ohne Handy, aber die Idee war prima. Und plötzlich hatte sie nichts mehr gegen die protzige Limousine, wenn sie Dimitri das Leben retten konnte.

Als Hendrik weg war, versuchte Chiara Dimitri hochzuscheuchen, aber er war schon zu geschwächt. Sie schaltete die Taschenlampe aus, um die Batterie zu schonen und um den Ripper nicht zu warnen. Sie achtete auf jedes Geräusch draußen im Wald, aber es blieb alles ruhig. Sie wusste nicht, wie viel Zeit vergangen war. Ihre Sorge wuchs, ihre Angst auch: Es hatte wohl nicht geklappt mit dem Chauffeur oder warum war Hendrik noch nicht zurück?

Als Chiara schon gar nicht mehr damit rechnete, kam er endlich mit dem Doktor im Schlepptau. Er war per Anhalter ins Dorf gefahren. Ausgerechnet Frau Klönne hatte ihn mitgenommen und ihm erst mal eine Standpauke gehalten.

Dimitris Bauch war stark angeschwollen und Klaus Kemper spritzte ihm sofort ein krampflösendes Mittel. »Er muss stehen! Besser noch laufen! Und wenn der Bauch nicht über Nacht abbläht, muss er in die Klinik!«

Der Tierarzt wirkte so besorgt, dass Chiara sich schämte ihn je verdächtigt zu haben. Gut, dass sie auf ihr Gefühl gehört hatte.

»Vielleicht war es ein Fehler, ihn zu retten. Jetzt haben wir den Salat. In der Wildbahn hätte er vielleicht doch eine Chance gehabt.« Klaus Kemper seufzte und spritzte Dimitri noch ein Mittel gegen die Schmerzen.

Dann konnten sie ihn mit vereinten Kräften hochscheuchen.

Ein gutes Zeichen! Sie hofften, dass er sich über Nacht etwas erholen und es ihm am nächsten Morgen besser gehen würde.

»Er muss es schaffen, sonst fliegt alles auf!«, sagte Klaus Kemper.

Hendrik wurde bei dem Gedanken ganz blass.

»Es war deine Idee!« Chiara baute lieber vor, ehe Hendrik anfing zu jammern. Aber wenn sie an Walter dachte, wurde ihr ebenfalls ganz schummerig. Ein Donnerwetter war bestimmt nichts dagegen!

»Aber du hast mitgemacht!«

»Jetzt bin ich schuld, wenn du Ärger mit deinem Papa kriegst?«

»Bitte!«, sagte Klaus Kemper.

»Es war meine Idee, aber es war deine Entscheidung, mir zu helfen.« Hendrik blickte ihr ruhig in die Augen.

»War blöd von mir«, gab Chiara zu. »Ich hab genauso viel Angst vor meinem Vater wie du vor deinem.«

Hendrik hielt die Stellung und bekam das Handy des Tierarztes, damit er sofort Alarm schlagen und seinen Eltern eine glaubwürdige Entschuldigungs-SMS schreiben konnte: Er war angeblich mit dem Doktor unterwegs auf einem nächtlichen Einsatz bei einem Bauern.

Klaus Kemper brachte Chiara nach Hause. Es wäre zu auffällig, wenn beide über Nacht wegblieben.

Chiara stieg gerade aus, als Walter, sein Jagdgewehr auf dem Rücken, im Scheinwerferlicht des Wagens auftauchte. Ihr blieb aber auch nichts erspart!

»Was macht ihr beiden Hübschen denn hier um diese Zeit?« Walter warf seinem Freund einen strengen Blick zu. Dann schaute er Chiara an. »Wolltest du nicht zu Marlene?«

»Wir waren zuerst bei Djana und... und dann... noch bei Bauer Feldkamp.« Klaus Kemper grinste.

»Und wie geht es Djana mit ihrem Fohlen?«

»Gut, gut«, sagten beide wie aus einem Mund.

»Unsinn, das Fohlen ist verschwunden. Ich hab mich heute noch mal davon überzeugt. Warum lügt ihr mich an?« In Walters Stimme schwang Ärger mit.

»Weil... weil...«, stammelte Chiara. »Wir wollten nicht lügen, aber...«

»Also, die Sache ist so, Walter...«, mischte sich der Doktor ein.

»Du weißt, was du mir versprochen hast, Klaus. Du hältst dich raus aus der Wildbahn! Ich bringe den Ripper allein zur Strecke.«

Ach, darum ging es ihrem Vater.

»Du glaubst, der Ripper hat Dimi... äh... Djanas Fohlen auf dem Gewissen?«, fragte der Tierarzt.

144

»Wer sonst? Es sei denn, es ist irgendwo verendet.«

»Soll ja vorkommen.« Doktor Kemper versuchte unbeteiligt zu klingen.

»Ihr hättet mir sagen können, dass ihr euch wegen des Rippers und des Fohlens Sorgen macht.« Walter fühlte sich offenbar ausgeschlossen. »Ich hätte euch geholfen.«

»Ja.« Chiara klang nicht sehr überzeugt.

»Mich muss man doch nicht anlügen.«

»Nein, Papa.«

»Und jetzt ab ins Bett!«

Über die Zugbrücke ging Chiara mit ihrem Vater zum Schloss zurück. Sie hörte, dass im Wohnzimmer der Fernseher lief. Irene war auf dem Sofa eingeschlafen.

Am liebsten hätte Chiara Walter um Hilfe gebeten, ihm alles erzählt, was Hendrik und sie entdeckt hatten. Aber das war zu riskant.

»Schlaf gut«, sagte Walter.

Chiara lächelte ihm zu und stiefelte geradewegs ins Bad. Vom Fenster aus sah sie, wie Svenja die Tür zu ihrem Apartment aufschloss. Sie stellte die längliche Sporttasche auf dem Boden ab, um das Schlüsselloch zu finden. Kurz überlegte Chiara, ob sie heimlich rüberlaufen und mit Svenja reden sollte, verwarf den Gedanken aber schnell wieder.

Die ganze Nacht konnte Chiara kein Auge zumachen. Ihre Gedanken kreisten immer wieder um Dimitri. Hoffentlich ging es ihm besser! Und wenn nicht? Wenn er in die Klinik musste, würde dann tatsächlich alles auffliegen?

Im Morgengrauen öffnete Chiara das Erkerfenster und sah zur Wildbahn hinüber. Die Herde graste friedlich. Die Fohlen schienen noch nicht richtig wach zu sein. Sie tranken Milch bei ihren Müttern oder lagen schlummernd im Gras.

Chiara zuckte bei dem Gedanken daran, dass Dimitri die Nacht vielleicht nicht überlebt hatte, zusammen.

Plötzlich hob Djana, die weit vorn stand, den Kopf und blickte in Chiaras Richtung.

Ob sie mich fragen will, wo ihr Fohlen ist? Ob sie sich Sorgen macht?, überlegte Chiara. »Es ist alles in Ordnung mit Dimitri«, wisperte sie. »Du bist doch damit einverstanden, dass ich ihn Dimitri nenne?«

Djana warf den Kopf in die Luft, was für Chiara so viel wie Ja hieß. Dabei wusste sie genau, dass das bei den Wildpferden ein Zeichen dafür war, dass sie sehr aufmerksam waren, vielleicht eine Gefahr witterten. Eine Stute kam auf Djana zu, die Tante mit dem hellgrauen Fell und den dunklen Stiefeln.

Djana drehte sich mit dem Hinterteil zu ihr und verpasste ihr mit beiden Hinterbeinen einen Tritt. Die Tante wich sofort zurück.

Das geschah ihr recht! Wenn die Tante nicht gewesen wäre, hätte Djana ihr Fohlen bestimmt nicht im Wald allein zurückgelassen. Und dann wäre die Schwellung vielleicht dank der Stutenmilch von allein wieder weggegangen. Aber so? Zu allem Überfluss hatte Dimitri jetzt wahrscheinlich auch noch eine lebensgefährliche Kolik.

Djana sah wieder zum Schloss hinüber und Chiara glaubte, etwas Vorwurfsvolles in ihrem Blick zu sehen. Ihr kamen wieder Zweifel, ob sie richtig gehandelt hatte. Etwas weiter rechts in Richtung des Wasserlochs befand sich das kleine Vogelgrab. Der Drossel hatte sie auch nicht helfen können. Vielleicht hatte sie dem Vogel sogar geschadet und war verantwortlich für seinen Tod?

»Ich tue alles für Dimitri. Das verspreche ich dir, Djana!«, flüsterte Chiara. Dann schloss sie das Fenster und zog sich in Windeseile an.

KAPITEL 14

Dimitri in Lebensgefahr

Gerade als Chiara den schmalen Waldweg einschlug, traf sie fast der Schlag: Boss Rino kam ihr aus der Hütte entgegen. Was wollte er hier? Und wo war Hendrik? Dann war der Pferderipper vielleicht auch nicht weit. Oh, Gott! Hoffentlich lebte Dimitri noch, hoffentlich hatte der Ripper nicht schon zugeschlagen! Chiaras Herz fing wie wild an zu rasen. Schnell entschied sie, sich hinter dem nächsten Gebüsch zu verstecken, sie wollte sich Boss Rino nicht zu erkennen geben. Die folgenden Minuten kamen ihr vor wie eine Ewigkeit. Als Boss Rino weit genug weg war, schlüpfte sie in den Stall hinein. Erleichtert atmete sie auf. Dimitri lebte. Und er stand. Sie konnte nicht anders: Sie schlang ihre Arme um seinen Hals. Dimitri ließ es sich gefallen. Wahrscheinlich, weil er zu schwach war. Sein Bauch war etwas dünner geworden. Sie beschloss die Schule zu schwänzen. Auch wenn sich alle Welt Sorgen um sie machen würde, sie konnte es einfach nicht riskieren, Dimitri auch nur für eine Sekunde aus den Augen zu lassen. Schließlich konnte der Ripper in der Nähe sein und es bestand immer noch die Gefahr, dass er sich wieder hinlegte. Chiara versteckte sich hinter einem Haufen Heuballen und wartete. Viel lieber hätte sie die ganze Zeit mit Dimitri geschmust, aber das verursachte bei Wildpferden Stress, erst recht, wenn sie krank und schutzlos waren. Warum hatte Hendrik ihn nur allein gelassen?

Wie auf ein Stichwort tauchte er plötzlich auf. Chiara erhob sich sofort. Dann überlegte sie es sich anders, denn Hendrik ging direkt auf die Absperrung zu.

»Magst du diesmal eine Möhre von mir, Dimitri?«, hörte sie ihn sagen. Wenig später ertönte ein: »Du hast ja richtig Appetit! Geht's dir besser?«

Chiara hörte Dimitris Schmatzgeräusche.

»Entschuldige, dass ich kurz wegmusste, aber ich hatte wirklich Verpflichtungen.«

Oh mein Gott, jetzt redete er auch schon mit Dimitri so hochtrabend!

»Ich habe mich so geärgert, dass ich beim Verbinden deines verletzten Beins alles falsch gemacht habe …«

Dimitri fraß unbeeindruckt weiter.

»Chiara ist manchmal wie mein Vater, immer macht sie alles richtig. Ich fühle mich dann ziemlich mies.«

Das hatte sie nicht gewollt. Wenn Chiara das gewusst hätte! Am liebsten wäre sie jetzt zu Hendrik gegangen und hätte ihn getröstet und sich bei ihm entschuldigt. Aber wenn er auf diese Weise erfuhr, dass sie alles gehört hatte, würde er wahrscheinlich vor Scham im Boden versinken. Sie lugte vorsichtig über den Heuballenhaufen.

»Danke, dass du mir noch eine Chance gegeben hast.«

Chiara erschrak, wusste im ersten Moment gar nicht, ob Hendrik sie meinte. Hatte er sie doch gesehen?

»Danke, Dimitri.«

Das Hengstfohlen knabberte am letzten Stück Karotte und leckte anschließend Hendriks Hand ab. Chiara nutzte die Gelegenheit, um sich aus der Hütte zu schleichen. Draußen überprüfte sie, ob jemand in der Nähe war, dann drehte sie sich um und tat so, als wäre sie gerade erst gekommen. »Hallo!«

Hendrik drehte sich zu ihr. »Chiara! Dimitri hat mir aus der Hand gefressen!«

»Super! Wo warst du? ... Ähm ... Wie war's?«

»Alles in Ordnung. Ich musste allerdings kurz zu Hause vorbeischauen, um mein Handy zu holen. Meine Eltern hätten die Polizei eingeschaltet, wenn ich mich dort nicht blicken gelassen hätte.«

Chiara bugsierte ihn zu ihrem Versteck und drückte ihn in die Tiefe.

»Was ist denn jetzt schon wieder?«, fragte Hendrik.

»Psst! Boss Rino hat tatsächlich unser Fohlen entdeckt. Und dann weiß der Pferderipper bestimmt auch Bescheid.«

»Ach du Schreck! Und jetzt?«

»Abwarten.«

»Schon wieder?« Hendrik seufzte.

Sie hielten den ganzen Tag die Stellung, aber niemand kam. Dimitri blieb stehen, lehnte sich nur hin und wieder an die Box, wenn ihn die Kräfte verließen. Sein Zustand schien sich stabilisiert zu haben.

»Was glauben deine Eltern, wo du jetzt bist?«, fragte Chiara.

»Ist das wichtig?«

Chiaras Eltern würden sich erst Sorgen machen, wenn sie nicht vor Einbruch der Dunkelheit zurück war. Es sei denn, die übereifrige Frau Klönne hatte nichts Besseres zu tun, als bei ihr zu Hause anzurufen, weil sie unentschuldigt fehlte.

Plötzlich hörten sie vor der Hütte ein Geräusch und kurze Zeit später ging die Tür langsam auf. Chiara und Hendrik hielten die Luft an, als Boss Rino hereinkam. Was wollte der Kerl schon wieder hier?

Chiara spähte zwischen zwei Heuballen hindurch, damit sie sehen konnte, was er vorhatte. Vielleicht sollte er für den Pferderipper die Drecksarbeit erledigen?

»Na, Hottemax! Hat dir mein Gras geschmeckt?« Boss Rino streckte Dimitri seine Hand entgegen.

Also doch! Er war es!, dachte Chiara wütend. Wahrscheinlich auch noch mit Absicht!

»Weißt du, was du mir eingebracht hast? Fünfzig Euro, zusätzlich zu den einhundert Euro, du weißt schon. Dieser Adelarsch ist einfach zu dämlich«, spottete Boss Rino.

Also hatte sie recht gehabt! Ungläubig schüttelte Chiara den Kopf und sah zu Hendrik, der mit hochrotem Kopf auf den Boden starrte. Boss Rino war Hendrik tatsächlich heimlich gefolgt und hatte das Versteck an den Pferderipper verraten. Oder waren die fünfzig Euro dafür gedacht, dass er Dimitri an den Kragen ging?

Boss Rino stieg über die Tür. Dimitri rührte sich nicht.

»Hast du überhaupt keine Angst vor mir? Gut!« Dann verschwand er aus Chiaras Blickfeld. »Guck mal, was ich hier habe«, hörte sie ihren Erzfeind sagen.

Es konnte ein vergiftetes Leckerli sein. Chiara schoss hinter dem Heuhaufen hervor, streckte ihren Arm nach vorn und schlug Boss Rino auf die Hand. »Halt!« Die Karotte fiel zu Boden. »Ist die vergiftet?«

»Spinnst du?«

»Nasses Gras ist Gift für ein Pferd. Du hättest ihn fast umgebracht!«

»Hä?«

»Ich habe alles gehört. Wofür hast du die fünfzig Euro bekommen? Und die hundert?«

»Sag ich nicht.«

Damit war zu rechnen gewesen. Chiara warf einen kurzen Blick in Richtung Heuhaufen, aber Hendrik kam nicht dahinter hervor. War vielleicht auch besser so, dass Boss Rino nicht wusste, dass sie nicht allein war.

»Komm da raus«, blaffte Chiara Boss Rino an. »Jetzt erzähl mir die Wahrheit, sonst spreche ich mit meinem Vater!«

Boss Rino lachte nur. »Das hast du schon mal gesagt!«

»Also, wird's bald! Gib es zu, du hast dem Pferderipper das Versteck verraten und wolltest Dimitri in seinem Auftrag umbringen?«

»Er heißt Dimitri?«

»Lenk nicht ab!«

»Du redest Dünnpfiff! Warum hab ich's dann nicht längst getan?«

»Weil ich dir dazwischengekommen bin.«

»Klar, Chiara, die Jeanne d'Arc der wilden Gäule.«

»Ich weiß sowieso, wer es ist.« Chiara verschränkte die Arme vor der Brust. Sie war gespannt auf Boss Rinos Reaktion.

»So, wer denn?« Er versuchte gelassen zu bleiben.

»Sag du es mir.«

»Netter Versuch. Nee, erst du.«

»Ich krieg sowieso raus, was du damit zu tun hast, verlass dich drauf! Und jetzt Abmarsch! Oder willst du hier Wurzeln schlagen?« Chiara schubste Boss Rino aus der Hütte. »Und denk dran: Ein Wort zu meinem Vater und ich erzähle ihm, dass du eins seiner Wildpferde mit nassem Gras vergiftet hast!«

»Ich wollte ihn nur füttern!«

»Von zu viel nassem Gras kriegen Pferde Kolik, du Idiot!«

»Das wollte ich nicht!«

Chiara glaubte ihm, ließ es sich aber nicht anmerken. Im Gegenteil. »Das nimmt mein Vater dir nie ab! Du bist schuld, wenn Dimitri stirbt.«

»Aber du hast ihn aus der Wildbahn geklaut. Das findet dein Alter bestimmt auch nicht klasse!«

»Ich wollte ihn retten, im Gegensatz zu dir! Nur das zählt! Oder willst du, dass auch *mein* Papa nichts mehr mit dir zu tun haben will?«

Boss Rino schaute betreten zu Boden. »Okay, wenn du nichts sagst, sage ich auch nichts«, entgegnete er kleinlaut und sah zu, dass er wegkam.

Chiara besprach sich schnell mit Hendrik und nahm dann heimlich Boss Rinos Verfolgung auf. Sie wollten sichergehen, dass er sie nicht verriet.

Bei dieser Gelegenheit würde sie schnell ihren Eltern Hallo sagen, damit sie keinen Verdacht schöpften und sich keine Sorgen machten. Und dann zurück zu Hendrik. Zu lange wollte sie ihn nicht im Stall allein lassen.

Auch wenn Boss Rino Dimitri nichts antun wollte, der Ripper war immer noch auf freiem Fuß.

KAPITEL 15

Walter ist weg

Irene kam ihr schon im Hausflur mit Walters Insulinbesteck und einer Packung Traubenzucker entgegen. »Wo warst du die ganze Zeit?«, schimpfte sie und Chiara merkte sofort, dass ihre Mutter völlig aufgelöst war. Normalerweise war sie nicht so aufbrausend. »Walter ist weg und ich habe gerade sein Insulinbesteck gefunden. Er hat vergessen den Traubenzucker mitzunehmen.«

»Ist kein Problem, wenn er nach dem Spritzen was gegessen hat.« Chiara versuchte sie zu beruhigen.

»Hat er aber nicht. Er hat einen Anruf vom Grafen bekommen und musste schnell los. Wegen dem Nip... Ripper.«

»Was war denn?« Chiara wurde neugierig.

»Wenn ich das wüsste! Ein Waldarbeiter hat eben angerufen. Er hat Walter heute Morgen gesehen, wie er wie vom Teufel besessen in den kleinen Wald am Wasserloch geritten ist. Und seither ist er verschwunden. Und als ich dann auch noch ...« Irene hob den Traubenzucker hoch und brach in Tränen aus. »Wenn ihm was passiert ist und er irgendwo in der Wildbahn liegt?«

Chiara schloss ihre Mutter in die Arme. »Wo ist Robert?«

»Packt seine Sachen, er muss heute noch nach Berlin zurück, eine Vertretung übernehmen.«

In diesem Moment kam Robert mit seiner Reisetasche aus dem Gästezimmer.

Chiara nahm sie ihm einfach ab. »Du musst mitkommen!«

»Ich habe keine Zeit, ich muss los.«

»Es geht um Papa. Vielleicht ist ihm was passiert!«

»Was?« Robert sah sie verdutzt an.

Irene zeigte ihm hilflos das Insulinbesteck. »Er braucht dringend seinen Traubenzucker.«

»Die Waldarbeiter sollen ihn suchen. Die kennen sich besser im Gelände aus als ich.«

»Er ist dein Vater!«, rief Irene.

»Ihm wird schon nichts passiert sein. Hast du es mal auf seinem Handy probiert?«

Irene legte ihre Hand auf seinen Unterarm. »Das hat er nicht dabei. Bitte, Robert! Es dauert zu lange, jemand anders zu fragen. Jede Minute zählt!«

»Dann ist es sowieso besser, wenn wir gleich den Notarzt holen«, sagte Robert.

»Aber wo sollen die denn anfangen zu suchen? Und vor allem wie?«, schluchzte Irene.

»Lass uns wenigstens zum kleinen Wald an der Wasserstelle reiten«, schlug Chiara vor.

»Machst du Witze?« Robert trat einen Schritt zurück.

Stimmt, Chiara hatte vergessen, dass Robert schon lange nicht mehr auf einem Pferd gesessen hatte.

»Okay, dann reite ich auf Brownie und wir nehmen dich mit.«

»Allein bist du viel schneller.«

»Jetzt komm schon! Wenn Papa wirklich was passiert ist, möchte ich nicht allein sein.«

Das fand Robert offenbar einleuchtend. Er nahm das Insulinbesteck und den Traubenzucker an sich.

»Du weißt, was du tun musst?«, fragte Irene.

»Ich hab ja nicht alles vergessen!«, erwiderte Robert leicht gereizt.

Irene half ihm beim Aufsteigen. Chiara setzte sich vor Robert auf Brownie und sofort schlang ihr Bruder seine Arme um ihren Bauch und hielt sich krampfhaft an ihr fest. Obwohl sie es kaum abwarten konnte, endlich den Wald zu erreichen, ritt sie langsamer als sonst, um Robert nicht in Panik zu versetzen.

»Ist es in Ordnung so?«, wollte sie von ihm wissen.

»Ich bin doch kein kleines Kind mehr.«

»Also hast du keine Angst?«

Robert sagte nichts. Vor dem Wald stieg er ab. Chiara blieb sitzen. Sie gingen erst zu der Stelle, an der Chiara und Hendrik zuvor dem Pferderipper aufgelauert hatten. Dann nahmen sie sich das nächste Waldstück vor. Nirgendwo war etwas Verdächtiges zu sehen. Schließlich verließen sie den Wald in der entgegengesetzten Richtung.

»Vielleicht hat Papa den Ripper auf frischer Tat ertappt und ihn verfolgt?« Chiara beobachtete aufmerksam, wie Robert reagierte. Er blieb gelassen. »Du hast wirklich keine Ahnung, stimmt's?«

»Wovon denn?«, fragte Robert verdutzt.

»Wer der Pferderipper ist?«

»Nein!« Robert schüttelte heftig den Kopf.

»Ein Mensch, der so etwas tut, hat sie nicht alle.« Chiara seufzte.

Robert nahm einen kleinen Holzstamm in die Hand. »Sicher ist sicher.« Er drehte sich damit aus Versehen zu Brownie, der sofort stieg. Vielleicht war er immer noch traumatisiert von dem Erlebnis mit Boss Rino. Er hob seine Vorderläufe in die Höhe.

Chiara war völlig überrumpelt. In hohem Bogen fiel sie herunter und landete unsanft auf ihrem linken Fuß. Und das tat höllisch weh! Hoffentlich war er nicht gebrochen!

»Hast du dir was getan?« Robert war sofort bei ihr.

»Ich glaube, der Knöchel ist verstaucht.« Chiara konnte ihn noch leicht bewegen.

»Und jetzt?«, fragte Robert.

»Du musst losreiten und Papa suchen.«

»Ich?«

»Ja du! Siehst du hier sonst noch jemanden?«, fragte Chiara spöttisch.

»Ich kann das nicht.«

»Aber du musst! Willst du schuld an Papas Tod sein?«

»Nein, natürlich nicht!«

»Dann los! Worauf wartest du noch? Denk an früher! Du kannst es!«

»Und du?«

»Ich warte hier, bis mich die Füchse fressen. Nein, ich humple nach Hause und hole Hilfe. Geht schon irgendwie.«

»Nein, ich bringe dich zuerst zu Irene«, sagte Robert.

»Kostet viel zu viel Zeit. Mach schon!«

Robert sah ehrfürchtig zu Brownie. Dann nahm er ihn am Halfter.

»Ruhig.« Chiara redete ihrem Pferd gut zu.

Robert setzte seinen Fuß in den Steigbügel und schwang sich hoch. Brownie würde ihn sicher überall hintragen. Die Frage war nur, mit welcher Geschwindigkeit. Nach wenigen Metern hatten die beiden den kleinen Trampelpfad erreicht. Brownie trottete gemächlich den schmalen Weg entlang. Chiara traute ihren Augen nicht, als Robert ihn auf einmal energisch in die Seiten knuffte.

Brownie schien ebenso überrascht wie Chiara und fiel erst in einen leichten Trab, bevor er wie ein geölter Blitz lospreschte. Robert hielt sich tapfer fest. Chiara hatte es doch gewusst! Er konnte es immer noch. Hoffentlich kam er nicht zu spät.

Als sie Brownies Hufe nicht mehr hörte, zog sie den Schuh und den Socken am verletzten Fuß aus und massierte den Knöchel. Er war noch nicht blau angelaufen. Plötzlich hörte sie jemand ihren Namen rufen.

»Chiara!«

Sofort erkannte sie die Stimme. Es war Boss Rino. Was wollte der schon wieder? Sie duckte sich, damit er sie nicht entdeckte. Woher wusste er, dass sie hier war?

»Chiara! Ich soll dir helfen, deinen Vater zu suchen, hat deine Mama gesagt.«

Drehte Irene jetzt völlig durch? Chiara stöhnte innerlich auf.

»Ich weiß, dass du hier irgendwo bist.«

Na prima!

»Ruhig«, hörte sie Boss Rino sagen.

Er war tatsächlich mit einem Pferd gekommen. Das brachte Chiara auf eine Idee.

»Hier bin ich!«, schrie sie und winkte mit den Armen.

»Was ist passiert?«, fragte Boss Rino.

»Knöchel verstaucht.«

»Und dein Vater?«

»Robert sucht ihn mit Brownie.«

»Robert?« Boss Rino klang sehr überrascht.

»Leihst du mir dein Pferd?«, fragte Chiara. »Meinem Knöchel geht es schon wieder besser. Ich reite ihm lieber nach.«

»Mit dem Fuß kommst du aber nicht rauf aufs Pferd.«

»Hilfst du mir?« Chiara wusste nicht, warum sie plötzlich so etwas wie Vertrauen zu Boss Rino hatte. Und siehe da. Er reichte ihr seine Hand und half ihr hinauf.

Chiara gab dem Pferd mit dem unverletzten Fuß etwas Druck und folgte dem Weg, den ihr Bruder zuvor eingeschlagen hatte.

»Viel Glück!«, rief Boss Rino ihr hinterher.

Chiara ritt kreuz und quer durch das Gelände und rief immer wieder nach ihrem Vater und ihrem Bruder. Als sie sich einer Gruppe Wildpferde näherte, die friedlich graste, stellte sie ihr Rufen ein. Sie wollte die Pferde nicht in Panik versetzen. Sie ritt in den nächsten Wald.

Plötzlich hörte sie Stimmen, die ihres Vaters und die ihres Bruders.

Chiara näherte sich vorsichtig. Absteigen und das Pferd am Halfter nehmen konnte sie wegen ihres Fußes nicht. Ihr Vater lag erschöpft am Boden. Hannibal stand daneben. Sie sah, wie Robert Walter Traubenzucker gab. Brownie guckte interessiert zu.

»Jetzt geht es mir gleich besser!«, murmelte Walter. »Danke!«

»Bedank dich bei Chiara«, entgegnete Robert. »Ohne sie …«

»Nein, ich bedanke mich bei dir. Du bist geritten, nicht sie.«

»Aber sie hätte dich auch gerettet, wenn sie sich ihren Knöchel nicht verstaucht hätte.«

»Du weißt genau, was ich meine«, erwiderte Walter und deutete auf Brownie. »Du kannst dir gar nicht vorstellen, was für einen Gefallen du mir damit getan hast.«

»Ich reite wieder, na und?«

Walter sah Robert an, als läge ihm etwas auf dem Herzen. »Entschuldige bitte«, sagte er nach langem Zögern.

»Schon gut«, winkte Robert ab.

»Nichts, schon gut. Ich war ein Hornochse. Dich so zu trietzen, statt Verständnis für dich zu haben.«

»Ist ja jetzt Schnee von gestern«, wehrte Robert ab. Ihm schien die Nähe zu seinem Vater unangenehm zu sein, obwohl er sich immer danach gesehnt hatte. Chiara verstand das nicht so recht. Möglicherweise war das wie bei einem Pferd, das man jahrelang in eine Box gesperrt hatte. Das wollte irgendwann auch nicht mehr nach draußen.

»Es war herrlich, wieder zu reiten. Und ich habe so lange darauf verzichtet. Ich bin auch ein Hornochse.«

»Verzeih mir bitte.« Walter sah Robert erwartungsvoll an. Der reagierte nicht.

Walter öffnete seine Arme. Als Robert sich immer noch nicht bewegte, rückte er ein Stück näher und schloss ihn in seine Arme. »Du bist ein toller Junge.« Walter klopfte seinem Sohn auf den Rücken.

Chiara kamen vor Rührung die Tränen. Jetzt würden sich Walter und Robert endlich wieder versöhnen. Brownie wieherte, als hätte er sie auf ihrem Lauschposten entdeckt. Sie legte den Zeigefinger auf ihre Lippen und drehte ihm den Rücken zu.

Wenige Minuten später tat Chiara so, als käme sie gerade erst angeritten. Ihr Vater und ihr Bruder freuten sich sie zu sehen. Walter war vor Schwäche vom Pferd gefallen.

»Und der Knöchel?«, fragte Robert.

»Tut schon gar nicht mehr weh«, erwiderte seine Schwester lachend.

»Hast du den Pferderipper verfolgt? Hast du ihn erkannt?«, fragte Chiara ihren Vater.

»Nein. Aber ich hab drüben im Wald an der Wasserstelle das hier gefunden.« Walter zog eine Kette aus seiner Tasche.

Chiara wurde blass: der Jungfrauen-Anhänger! Robert schluckte. Aber keiner von beiden sagte etwas. Sie sahen sich nur an. Svenja war die Pferderipperin!?

Chiara erinnerte sich daran, wie Svenja am Abend zuvor in Stallklamotten herumgelaufen war, obwohl sie angeblich eine Verabredung hatte. War sie im Wald gewesen, war sie Hendrik und Chiara beinahe in die Falle gegangen? Hatte sie in der Sporttasche das Gewehr versteckt? Und Boss Rino für seine Tipps bezahlt?

Sie musste sofort zu Hendrik und Dimitri!

Ihr Vater begriff nicht, warum sie es plötzlich so eilig hatte. Und als Robert ihn auch noch allein lassen wollte, verstand er die Welt nicht mehr. »So was nennt man also Familienzusammenführung.«

»Ich muss nach Berlin zurück. Dir geht es doch besser? Bist doch sonst hart im Nehmen.«

»Jaja, lasst euren armen alten Vater nur allein! Passt schon!«

»Es ist wirklich wichtig, Papa!«, sagte Chiara.

Walter umarmte Robert zum Abschied. »Was ist in Berlin? Wirst du der neue Leithengst?«

»Von Scheuermitteln? Bestimmt nicht!«

»Lass dich hier bald wieder blicken!«

»Vielleicht früher, als dir lieb ist.«

Als sie wegritten, sah Chiara sich noch mal nach ihrem Vater um. Er stieg etwas langsamer als sonst auf sein Pferd.

Kaum war Walter außer Hörweite, erzählte Chiara Robert alles.

»Selbst wenn Svenja die Ripperin ist, sie würde Hendrik niemals etwas antun«, sagte Robert außer Atem.

»Aber was ist mit Dimitri!«, entgegnete Chiara.

KAPITEL 16

Die Wahrheit kommt ans Licht

Robert und Chiara banden die Pferde etwas abseits der Hütte fest und schlichen sich an. Chiara humpelte. Sie hörten Stimmen von innen. Leise tappten sie außen herum, um durch die Bretterwand das Gespräch verfolgen zu können. Es waren Hendrik und Svenja.

»Ich kann ja verstehen, dass Sie das getan haben, aber warum auch noch das Fohlen?« Hendrik war entweder von Svenja entdeckt worden oder hatte sich aus der Höhle des Löwen gewagt und sich ihr mutig in den Weg gestellt.

»Ich wollte nur nach dem Kleinen sehen«, verteidigte sich Svenja. »Aber er ist ja bei euch in guten Händen. Boss Rino hat mich beim ersten Mal beobachtet und ich musste zahlen, damit er schweigt. Und in diese Hütte ist er dir gefolgt. Er meinte, das Fohlen liege im Sterben.«

Chiara fühlte sich bestätigt: Boss Rino war und blieb einfach ein Mistkerl!

»Wollte er, dass Sie Dimitri töten?«, fragte Hendrik.

»Höchstens aus Mitleid.«

»Nicht, um Chiara wehzutun?«

»Ich glaube nicht«, erwiderte Svenja.

»Hat es Ihnen nichts ausgemacht, die arme Stute in der Wildbahn zu erschießen?«

»Es hat mir was ausgemacht, sie leiden zu sehen. Trotzdem hab ich es nicht gern getan. Das kannst du mir glauben.«

»Ich glaube Ihnen.« Und wenn Hendrik das sagte, musste was dran sein.

Robert kam aus dem Staunen nicht mehr heraus. Svenja war tatsächlich die Pferderipperin! Das hätte er ihr niemals zugetraut, wo sie nach außen hin immer auf Walters Seite gestanden hatte.

»Wir gehen rein!«, entschied Chiara.

Gleichzeitig betraten sie den Stall.

Robert zögerte nicht lange, nahm Svenja ohne große Worte in den Arm und küsste sie. »Ich hätte mich das nicht getraut.«

»Ich anfangs auch nicht. Ich hab zuerst Klaus Kemper gebeten, aber der hat sich geweigert.«

Das war also der Part des Doktors, deshalb war er so komisch gewesen, dachte Chiara. Hendrik und sie sahen sich verlegen an. Und da es Dimitri gut zu gehen schien, verließen sie schnell die Hütte. Sie wollten die beiden Turteltauben nicht stören.

Weit kamen sie jedoch nicht.

Walter näherte sich auf Hannibal der Hütte. Boss Rino lief neben ihm her.

Kaum erblickte er Chiara, sackte er in sich zusammen. »Ich hab dich nicht verraten«, winselte er. »Dein Vater ist Robert und dir gefolgt.«

»Ich will endlich wissen, was hier gespielt wird!« Walter stieg vom Pferd und packte Boss Rino am Schlafittchen. »Was hast du nicht verraten?«

»Ni...chts«, stammelte er.

»Was ist da in der Hütte?«

»Nichts!« Betreten schaute Boss Rino zu Boden.

»Herr Sommer, Chiara und ich treffen uns manchmal hier, aber meine Eltern dürfen das auf keinen Fall wissen. Sie glauben, ich bin bei meinem Privatlehrer in Münster«, mischte sich Hendrik ein.

Walter sah Hendrik wenig beeindruckt an und blickte misstrauisch zwischen ihm und Chiara hin und her. »Und das soll ich euch glauben?«

»Ja!«, behaupteten beide.

Dimitri wieherte! Das war's! Walter zog eine Augenbraue hoch und betrat den Stall. Als er Djanas Fohlen erblickte, ballte er wütend die Hände zu Fäusten.

»Er ... er ... heißt Dimitri«, stammelte Chiara. »Ich hab ihn gerettet!« So, jetzt war es raus!

»Was hast du?«, fragte Walter mit hochrotem Kopf.

»Es war meine Idee, nicht Chiaras.« Hendrik trat neben sie und legte ihr eine Hand auf die Schulter.

»Und jetzt bitte die ganze Geschichte«, brauste Walter auf und setzte sich auf einen Heuballen.

Chiara und Hendrik wechselten sich beim Erzählen ab.

»Und ich dachte, ich könnte mich auf dich verlassen!« Enttäuscht sah Walter Chiara an. Sie blickte betreten zu Boden.

»Warum erfahre ich es als Letzter?«

Chiara wäre am liebsten zu Dimitri in die Box gekrochen, doch stattdessen lief sie raus.

In der Hütte hörte sie ihren Vater schimpfen. »Das ist nun der Dank! Womit habe ich das verdient?« Dann wurde es still. Niemand sagte etwas.

Svenja unterbrach das Schweigen. Chiara hörte deutlich ihre Stimme. »Ich finde es schrecklich, wie man die schwachen und kranken Pferde in der Wildbahn verenden lässt.«

»Medizin ist aber nicht gut für die Tiere. Wir haben es doch bei der Wurmkur gesehen! Die Stuten hatten Fehlgeburten.«

»Ich rede nicht von Medizin, sondern davon, ein verletztes Bein zu schienen oder ...« Svenja stockte.

»Oder was? Aktive Sterbehilfe? Sollen wir jedem Hasen den Gnadenschuss geben, der alt und klapprig ist?«

»Wir sind selbst irgendwann auch alt und klapprig«, mischte sich Robert ein. »Hätten wir dich etwa in der Wildbahn liegen lassen sollen?«

»Ich dachte, wir hätten uns ausgesprochen!« Walter wurde laut.

Chiara ging in die Hütte zurück, blieb aber im Türrahmen stehen. Ihr Vater bedachte sie mit einem kurzen strengen Blick.

»Was bist du wieder so hart, Papa«, sagte Robert. »Es hat sich nichts geändert.«

»Was ist hier nur los? Habt ihr euch alle gegen mich verschworen? Ich habe doch immer nur mein Bestes gegeben, auch für dich, Svenja!« Chiaras Vater sprang auf.

»Dafür, dass ich bei Ihnen wohnen und arbeiten kann, bin ich sehr dankbar, aber ich lasse mir deshalb nicht mehr den Mund verbieten.«

»Das wird ja immer schöner! Wann habe ich das getan? So was muss ich mir nicht anhören!«, schimpfte Walter.

»Ich bin die Pferderipperin«, platzte Svenja heraus.

»Du?« Walter blieb der Mund offen stehen, als er auf den Heuballen zurückplumpste. »Da wird doch der Hund in der Pfanne verrückt!«

Chiara fand Svenja sehr mutig, aber sie hatte ernsthafte Bedenken, wie ihr Vater reagieren würde, ob er sie vor die Tür setzen würde.

»Das ist ein Kündigungsgrund!«, sagte er.

»Das ist mir egal«, erwiderte sie.

»Also gut! Du bist gefeuert!«

»Willst du das wirklich?« Chiara meldete sich zu Wort. »Du tust immer so hart. Auch bei den Wildpferden. Dabei kannst du sie genauso wenig leiden sehen wie wir. Oder warum hast du fast geweint, als sie die Stute abgeholt haben?«

»Na, sieh mal einer an, meine neunmalkluge Tochter!« In diesem Ton hatte ihr Vater noch nie mit ihr gesprochen. Walter sah in die Runde, schüttelte den Kopf und seufzte. »Und jetzt?«

»Wir könnten einen Gnadenhof einrichten«, wagte sich Robert vor.

Svenja strahlte wie ein Honigkuchenpferd.

»Man sollte Wildpferde nicht in einen Stall einsperren«, sagte Walter.

»Wir könnten am Anfang der Wildbahn eine Wiese abzäunen. Den Heuschober bauen wir zu einem Stall um, wenn es zu kalt oder zu feucht für die schwachen Tiere wird«, spann Chiara den Gedanken weiter.

»Da macht der Graf bestimmt nicht mit«, wandte Walter ein. »Ich muss ihm von dem Fohlen erzählen und dann ist der Ofen sowieso aus bei ihm.«

»Ich sage es ihm selbst.« Hendrik sah Chiara an. »Ich könnte mit ihm auch über den Gnadenhof sprechen.«

»Das lass mich mal lieber machen«, meinte Walter.

»Wie Sie wollen, aber ich rede trotzdem mit ihm. Und wenn er Nein sagt, muss er noch einen Stammhalter in die Welt setzen, der sein Unternehmen übernimmt.«

Chiara hätte ihn küssen können. »Cool!«, sagte sie.

»Trotzdem!« Walter rieb sich die Augen.

»Sieh dir Dimitri an! Hättest du ihn mit seinem dicken Bein in der Wildbahn liegen lassen? Hättest du das übers Herz gebracht?« Chiara ließ nicht locker.

»Ich bin Jäger!«, sagte Walter.

»Das bin ich auch!«, rief Svenja aufgewühlt. »Dennoch ist es mir verdammt schwergefallen, die kranke Stute leiden zu sehen. Und sie von ihren Schmerzen zu erlösen war noch schlimmer. Ich habe zu Pferden ein anderes Verhältnis, vielleicht liegt es daran …« Svenja schluckte und Robert lächelte sie an.

»Es sind Wildpferde«, ergriff Walter wieder das Wort. »Wilde Tiere wie Hasen und Kaninchen. Oder Rehe und Füchse. Da darf man nicht sentimental werden.«

»Es sind doch keine richtig wilden Pferde mehr«, entgegnete Robert. »Sonst könnten sie davonlaufen!«

»Ist doch egal, ob sie richtige Wildlinge sind oder nur wild aufgewachsen.« Walter fasste sich an die Stirn.

»Wir könnten die Pferde, die es allein nicht mehr schaffen, auf die Gnadenwiese bringen und dann könnte Doktor Kemper immer noch eingreifen«, mischte sich Hendrik wieder ein.

Chiara hoffte, dass sein ruhiger, sachlicher Ton ihren Vater überzeugte.

Walter sah Hendrik irritiert an. »Das habt ihr euch ja alles fein ausgedacht, aber ich spiele da nicht mit.« Er erhob sich erneut. »Komm Olaf, wir holen den Anhänger und bringen das Fohlen zurück.«

»Dimitri ist noch nicht gesund!« Chiara sah Boss Rino auffordernd an. Wehe!

Doch der zuckte nur mit den Achseln und sagte an Walter gewandt: »Wie Sie meinen!«

Das durfte doch nicht wahr sein!, dachte Chiara verzweifelt.

»Wenigstens einer, der zu mir hält«, brummte Walter.

Boss Rino grinste breit und Chiara platzte der Kragen. »Er hat Svenja gesehen und erpresst und Dimitri mit nassem Gras fast vergiftet.« Eigentlich hasste Chiara Petzen, aber Boss Rino hatte es nicht anders verdient. Wer gegen Dimitri war, war auch gegen sie.

Boss Rino wollte sich verdünnisieren, doch Walter war schneller. »Hiergeblieben, Freundchen!«

Chiaras Erzfeind blieb nichts anderes übrig, als alles zu beichten. Es half nichts: Er hätte Walter Bescheid geben müssen, statt Geld aus der Sache zu schlagen! Natürlich blieb Chiaras Vater nichts anderes übrig, als Frau Bettinger davon zu erzählen!

Boss Rino zog ab wie ein geprügelter Hund. Mit Hausarrest würde er diesmal nicht davonkommen!

»Also, wer hilft mir?« Walter blickte in die Runde.

Das konnte nicht sein Ernst sein! Chiara verdrehte die Augen.

Robert stellte sich vor die Hüttentür und verschränkte die Arme vor der Brust. Svenja postierte sich neben ihn. Und auch Chiara und Hendrik stellten sich dazu. Niemand sagte etwas.

Walter sah zu Dimitri und zögerte kurz, bevor er zu ihm ging. »Und was hältst du von der Idee? Willst du auf eine Gnadenwiese für alte Klepper?«

Dimitri wieherte.

»Also gut, du hast mich überzeugt.« Walter konnte nicht weitersprechen, denn Chiara rannte leicht humpelnd auf ihn zu und fiel ihm stürmisch um den Hals.

KAPITEL 17

Der Wilde Westen schläft

Chiara brachte Hendrik auf Brownie nach Hause. Vor dem schmiedeeisernen Tor verabschiedeten sie sich.

»Ich ... ich ... ähm ...«, stammelte Hendrik und wurde knallrot. Er hatte den Kopf etwas schräg gelegt und lächelte Chiara schüchtern an.

Die nahm all ihren Mut zusammen, ging einen Schritt auf ihn zu, stellte sich auf die Zehenspitzen und gab ihm blitzschnell einen Kuss. Bevor Hendrik wusste, wie ihm geschah, hatte sie sich schon auf Brownie geschwungen und ritt davon.

Jetzt musste nur noch Dimitri ganz gesund werden und zu Djana und seiner Herde zurückfinden, dachte Chiara. Sie entschied einen Umweg über das Wildpferdegehege zu machen. Die Stuten grasten und schienen alle Zeit der Welt zu haben. Chiara atmete tief ein, band Brownie am Zaun fest und schlich sich so nah an Djana heran, wie sie konnte. Die Stute stellte die Ohren auf. Chiara setzte sich im Schneidersitz auf den Boden. Sie blieb ganz ruhig. Djana wusste nicht, was sie davon halten sollte. Sie wiegte ihren Kopf hin und her. Dann kam sie vorsichtig näher und beschnupperte Chiaras

Haar. Langsam streckte Chiara ihre rechte Hand aus und streichelte Djanas Vorderbein. Die Stute schnaubte und drückte ihr die feuchte Nase in den Nacken. Dann trottete sie gemächlich davon.

Langsam ließ sich Chiara ins Gras fallen. In den letzten Tagen hatte sich so viel verändert. Sie war gespannt, was noch alles passieren würde. Sie dachte an Hendrik und Dimitri und ein aufregendes Kribbeln breitete sich in ihrem Bauch aus ...

Agnes Kottmann

Chiara
Wunsch des Herzens

Chiara kann es nicht fassen: Die Wildpferde-Stute Djana steht kurz vor der Geburt ihres zweiten Fohlens und sie soll auf Klassenfahrt ins Sauerland. Ausgeschlossen! Zusammen mit ihrem Freund Hendrik heckt sie einen Plan aus, um in der Nähe der Stute bleiben zu können. Doch dann passiert etwas Unerwartetes und plötzlich steckt Chiara bis zum Hals in Schwierigkeiten ...

Band 2. 160 Seiten. Gebunden.
Ab 10 Jahren
ISBN 978-3-8157-8087-9